女性のキャリアアップ
38の嘘

Sleep Your Way to the TOP
and other myths about business success

ジェーン・ミラー 上原裕美子 訳

すばる舎

Sleep Your Way to the Top
and other myths about business success
by Jane Miller

Japanese translation published by arrangement with FG Press, LLC
through The English Agency(Japan)Ltd.

母に。
若くして苦労した母は、わたしには歩きやすい道を用意してくれました。
もちろん、歩きやすい道のほうがいいに決まっています!

はじめに

この本のこと、わたしのこと

たった一言で心がぽっきり折れた話をしましょうか。

昇進して、初めてバイスプレジデントという役職になったときのこと。本社でマーケティングを担当していたわたしが、営業を含めた現場業務の全体を統括することになりました。そんなキャリアアップは女性としては例がなく、いろんな意味でリスキーでした。

最大の理由は、営業部の管理職に女性が一人もいなかったこと。メンフィス本社の人間が、いきなりアーカンソー、テネシー、ケンタッキーという南部3州にまたがったエリアを統括するだけでも驚きだったのに、そもそもこの地域全般に女性管理職が存在したのかどうか、それもあやしいくらいだったのです（はっきり言えば、その前例すらなかったのですが、これはこれでまた別の問題）。

そんなわたしの耳に入ってきたのは、一つの噂でした。

「あの女、誰かと寝てあのポジションをつかんだに決まってる」

ちょっと、本気で言ってるの？

それって効果あるの？

だったら試そうかな！

噂を広めたのが誰だったか、どうしてそんなことをしたのか、今ならよくわかります。同じポジションを希望していたのに叶わなかった男性社員が、わたしに負けた理由を仲間に説明する必要があった、というわけ。といっても大スキャンダルにされたのではなく、ただ単に、当時はまだ一般的だった男性限定の社交クラブで、下品な軽口として叩かれただけでした。

それでも当時のわたしにとっては充分傷つく一言でした。がんばってきた自分の成果を、女を武器にした結果だと言われるなんて。新しい環境で、仕事と関係のない要素で戦っていかなければならないなんて。男同士の固い結束に割り込む部外者にすぎないんだ、と思い知らされるなんて。

でも、ここでぐだぐだ泣き言を書く気はありません。

結局、この昇進はわたしのターニングポイントになりました。マーケティングでも仕事はしっかりやっていたのですが、営業という分野に足を踏み入れてからは、成果も評価も比べものにならないほどに伸びたのです。

営業はわたしの天職でした。それはわたしの功績というより、わたしが考える「いいプラン」を「絶妙な作戦」として実行する優秀なチームを率いることができたおかげです。師《メンター》と呼べる人脈にも恵まれました。うまくやれているときは励ましてくれて、ひどい脱線はしないように導いてくれた人。成果を上層部に報告してくれた人。まるで胸に「スーパーウーマン」の「S」がでかでかと書いてあるかのように、自分の力に確信が持てるようになりました（この話はあとでまた出てくるので、覚えておいてください）。自信を叩きのめされることと、新たな自信をつけて成長していくことは、びっくりするくらいに紙一重なのです。

なんでわかるのよ、と聞かれるならば、「わたしがそうだったから」と答えましょう。

今のわたしは、有機のパンや焼き菓子を販売する「ルディーズ・オーガニック」のCEOです。ここにたどりつくまで、紆余曲折の道のりを経てきました。新卒で最初に就職したのは、テキサス州ダラスにある同族経営の小さな銀行。総務部のアシスタントです。そのあとMBAを取得し、今はなきインターファースト銀行で1年働いてから、スナック菓子メーカーのフリトレーに入社。未経験だったマーケティング部に配属され、11年でプレジデントという役職になりました。

それ以降の20年間は、関わった会社のすべてで、女性として一番高いポジションを得ています。ペプシコとハインツ、それからマヨネーズで有名な食品会社ベストフーズと、スナック菓子のホステス・ブランズでは、Cレベルの肩書がつきました。ゲートウェイで、短期間ですがコンピューター業界も経験しています（牛のまだら模様の箱を覚えていますか？）。

と言っても、順風満帆にCEOまで直進してきたわけではありません。左遷、昇進、降格、また昇進の繰り返し。どうかわかってほしいのですが、社会人になってから全部で30年のキャリアの中で、わたしは何度も壁にぶつかってきたのです。完璧に叩きつぶされて、すっかり自信をなくした場面もありました。まったく望んでいなかった場面、どう対応したらいいかわからない場面、この地球で自分はたった一人だと感じる場面もありました。

仕事に関わるＩＴ技術はその年月で大きく変化しましたが、一つ、働くうえでずっと変わらないことがあります。

それは、人とつきあっていかなければいけない、ということ。どんなに時代が変わっても、すべての主導権を握りたがる人はいるものです。自己中心で思いやりのない人も。他人を平気で利用したり、陥れたりする人も。悪意のかたまりのような人も実在します。

そう、本当にうんざりですよね。

でも、気をつけなければいけないのは、そういう人たちだけではありません。もしあなたが少しでもわたしに似たところがあるのなら、自分自身のこともよく見張っておかなければ。誰のせいでもなく、自分のせいで、判断を間違うこともあります。わたしも、やたら感情的になったり、過剰反応したり、権力を持った上司に公然と逆らったり、転職先も決めずに辞めたり……自分に非がある失敗を、数えきれないほど重ねてきました。

上司にたてついたら、もうキャリアは終わりだと思うけど。

それが、まだまだいろいろあるのよ。まあ続きを読んで。

それでも、山あり谷ありで、いろんなことを体験したり、いろんなことをしでかしたりしながら、少なくともわたしにとっては最高に充実したキャリアを（そして人生を）築いてきたと思っています。あなたにもそうであってほしい、と思うのです。

この本を読んでくれるあなたに、一つ知っておいてもらいたいことがあります。ワークライフを成功させるのは、コツとかテクニックとか、そういうものではありません。**「わたしにはわたしの力がある」という姿勢**です。

この本では、女性の出世についてデータを並べたりはしません。セクハラがどんなに下品か、仕事か子育てかの選択がどんなに大変か、一般論を解説するつもりはありません。話したいのは、もっとリアルなシチュエーションと、わたしたち女性のリアルな気持ちについて。何より、逆境をバネにしていく方法について、話していきたいと思っています。

人生を決めるのはあなたです。ママでもパパでもない。誰かが守ってくれるわけでもない。意地悪な女友達も、一回寝たらそのあと連絡をくれなかった恋人未満の彼も、関係ない。あなたに見当外れの期待を（いい意味でも悪い意味でも）かけてくる人たちが、何をしてくれるわけでもない。

あなたが、切り開いていかなければ。

自分が本当に輝ける働き方を叶えるのは自分です。あなた自身の力でキャリアを動かし、幸運をつかんでいくことは可能なのです。そのためには、まずは自分と正直に向き合わなくては。しらふで振り返るのはちょっとキツいこともあるかもしれないので、アフター5に、グラス片手に考えてみるのもいいと思います。

どうか、楽しんでトライしてみてください。この本では、あなたが「あるある！」と思うような現実をユーモラスに描きつつ、実用的なアドバイスをしていきたいと思っています。働く女性に背負わされるさまざまな〝神話〟（「女が出世するなら男と寝なきゃ」のような）をベースに、フキダシでわたしの中の別の声にも参加してもらいながら、話を進めていきます。

章の終わりに、自問自答してほしい質問も載せました。自信を持つためのヒントも紹介します。おもしろそうだと思ったところから読んでみてください。こんなことも書いてほしい、と思うジャンルがあったら、ぜひわたしのウェブサイト（janeknows.com）かフェイスブック（Jane Knows Business）に参加して教えてください。

賛同でも、反論でも、何でも歓迎です。あなたが対話に加わってくれるのなら。

あなたにはあなたの力があるのですから。

Contents

2
オフィスでの本領発揮
理想と現実、涙と裏切り

3
逆境に遭ったとき（1）
いじめやセクハラ

5 4 6

4 逆境に遭ったとき（2）
プレゼンやフィードバック

5 責任が増えてきたら

昇進、指導、退職、解雇

装幀　アルビレオ
装画　ヨーコチーノ

1

キャリアのスタート

ブランディング、面接、人脈作り、そして初めての就職

社会人になるための入り口を探しているあなたも。
どっちに進めばいいのか誰も道を教えてくれない、
と思っているあなたも。
あちこち頭を下げて、なんとか面接を受けて、
あっさり落ちて、軽くグロッキーになっているあなたも。
やっと入った会社の出社1日目を迎えたあなたも。
キャリアの新しいスタートは、何回経験しても、
相当の勇気が必要です。でも、怖れずに始めてみましょう。

Myth 1

すべては運しだい……という嘘

四つ葉のクローバーもいいけれど、ほかにもっとできることがあります。

当たる宝くじ1枚、ください。

「進むべき方向がわかっていないと、そこじゃない場所に流されるだけだ」
ヨギ・ベラ（元プロ野球選手）

「当たる宝くじください」。そんなふうに簡単に幸運が買えたら！　1ドル出して、数百万ドルを当てて、あとは一生優雅な暮らし。さすがに一生は無理だとしても、素敵な家を買うとか、盛大なパーティを開くとか、プライベートジェットを買うくらいならできるかも。映画に出てくるそんな生活は、いったいどうすれば叶うんでしょう?

……楽しい空想に水を差すのは申し訳ないけれど、一般的な宝くじに当たる確率は１３５１４５９２０分の１*。つまり、宝くじ当選を夢見るくらいなら、こんな可能性を思い浮かべるほうがずっと現実味があるのです。

*Popsci.com「Popular Science」コリン・レシェによる記事(２０１２年11月29日)

・サメに襲われる確率:１１５００００分の１
・アメリカ合衆国大統領になる確率:１０００００００分の１
・雷に打たれる確率:７００００分の１
・アカデミー賞を獲る確率:１１５００分の１

だったら仕事辞める。女優になる!

獲れるのは「妄想女優賞」でしょ。

そう考えてみれば、キャリアアップなんて、ずっと確率の高い話だと思いませんか。仕事をするうえで起こるいろいろな物事、出来事は、自分の手で動かしていけることばかりです。運に任せきりにするより、こんなふうに考えてみてはどうでしょうか。

セレンディピティを自分で招く

セレンディピティ（偶然に何かと出会うこと、ふとした幸運を引き寄せること）。なんとなくふんわりした、つかみどころのない、他力本願な言葉ですよね。それを「招く」と言われても、幸運は自然に起こったり起こらなかったりするものであって、計画的に招けるものじゃないし——と誰でも考えると思います。

わたしに言わせれば、それは半分本当で、半分は嘘です。たしかに、幸運は「自然に起こるもの」なのでしょう。実際問題として、わたしはかなり運に助けられてきました。両親は高卒で、父はボウリング場の支配人。母は専業主婦で、わたしと4人の弟たちを育ててきました。でもわたしが10代のときに、父は愛人のもとへ走りました。

当時、家庭を持ってもヒモみたいな暮らしをしたがる男はめずらしくなく、父もそういうタイプだったのです。これといって手に職がなく、経験もなかった母は、安月給の仕事で生活を支えました。いつでも最低2つは掛け持ち。最低賃金の仕事1つだけでは食べていけないからです。それでも足りなくて、国からの食費補助制度と、わたしのアルバイト収入も必要でした。

ちっとも運に助けられてないじゃない、と思うかもしれませんね。でも、こんな生い立ちなのに、大学に行けて、ちゃんと卒業して、そのあと30年も仕事で成功してきたのは、間違いなく幸運の助けがあったからだと思いませんか。

「成功する」ってどういうこと？

出世することでしょ。

うーん、悪くない響き。

わたしと同じような環境で育ったのに、教育を受ける機会に恵まれず、いい会社に就職する機会も得られなかった若い人は、本当にたくさんいます。家庭の事情、金銭的な都合、もしくは背中を押してくれる誰かに出会えなかった……そういう悪条件に、人生の道を曲げられてしまうのです。

わたしに運が向いたきっかけは、母が、いい暮らしをするために大学に行きなさい、と言ってくれたことでした。進学せずに弟たちの世話をしていたほうが、母にとっては楽だったにもかかわらず、です。それから、家が貧しかったこと自体が、わたしの運でもありました。貧乏だったからこそ、進学支援制度をかたっぱしから確保できました。おかげで払いきれない借金を抱えずにすみました。

何より大きな幸運だったのは、師《メンター》と呼べる人が、幼い頃からそばにいてくれたこと。祖父のことです。祖父は、人生のハードルを乗り越えるカギは教育だ、と身をもって学んでいました。良い成績をとるように、一生懸命努力するように、ずっとわたしを励ましてくれました。成績（実績）と努力、その２つの組み合わせがあれば、人生の選択肢が増えると祖父はわかっていたのです。選択肢を持つというのは、運命を自分で動かしていくということだったのです。

運はたしかに大事。でも、運が向くのを待っていればいいとは思いません。目の前の環境に向き合い、それをバネにして努力することこそが、あなたの手の中にあるチャンスなのです。

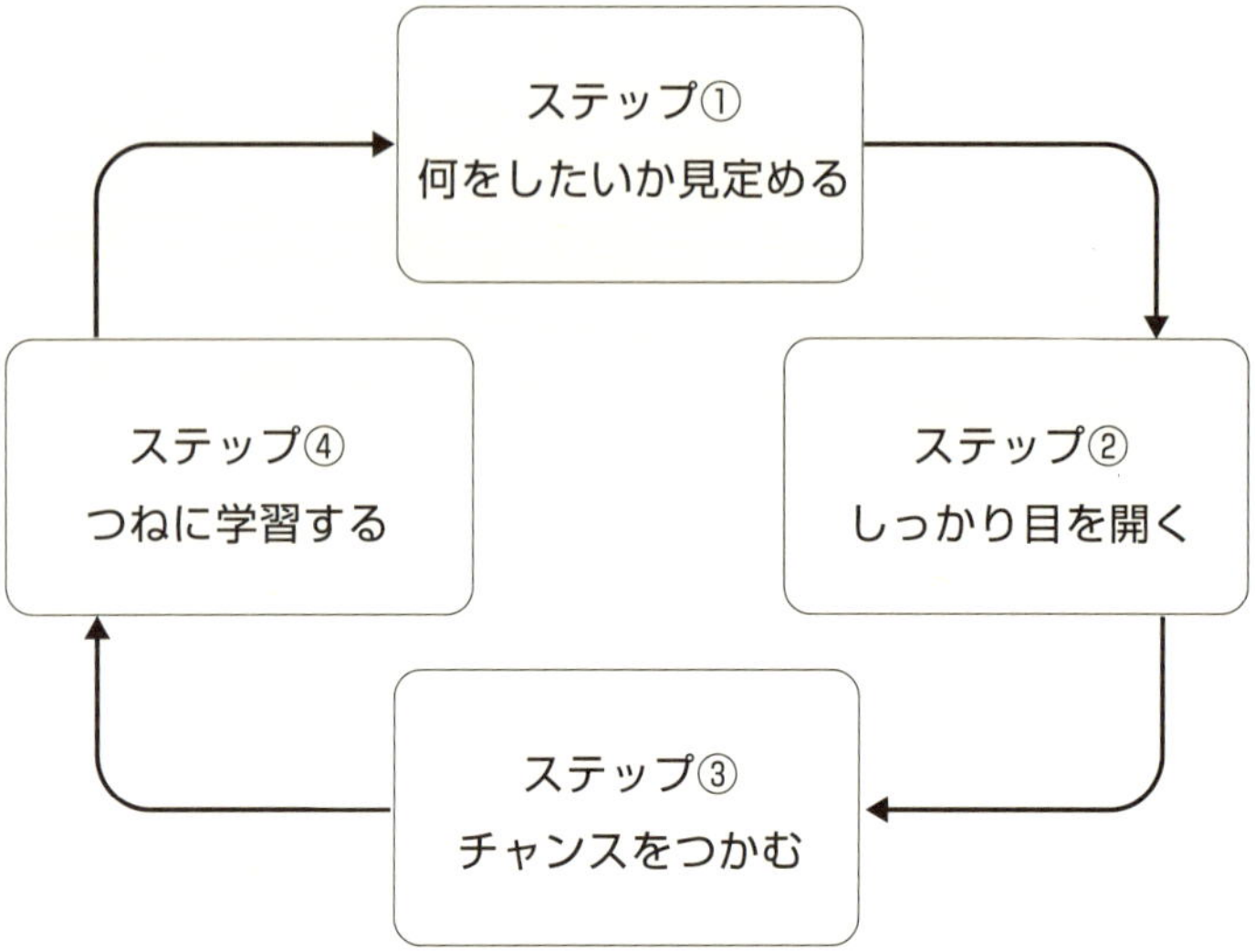
ステップ①
何をしたいか見定める
ステップ②
しっかり目を開く
ステップ③
チャンスをつかむ
ステップ④
つねに学習する

わたしは基本的には、人生をフレームワークで考えるとか、キャリアを4ステップで整理するとか、そういう発想が好きではありません。人生はそんなふうにきれいに収まらないものですから。

でも、物事がどんなふうに起こるか、それを自分にとってどんなふうに役立てるか、考えるための仕組みはあったほうがいいと思います。

そういう意図で、「セレンディピティを招くためのプロセス」として、わたしは次に載せる4ステップを紹介しています。

それでは一つずつ確認していきましょう。

ステップ①何をしたいか見定める

人生のどんなステージにいても、目標は必要です。目標があれば、向かう方向が決まります。方向が決まれば、進むための計画を立てられます。

キャリアの途中で道を見失ったり、行き詰まったりしてしまう理由は、たいていの場合は行きたい方向がはっきりしていないからなのです。

短期的目標（たとえば「この仕事をつかみたい」）と、長期的目標（たとえば「いつかは会社を経営したい」）の両方を考えましょう。その両方の視点があれば、現在の地面にしっかり足をつけながら、未来のための土台を積んでいくことができます。途中で目標が変わってもかまいません。むしろ目標は絶対に変わるでしょう。それは４つめのステップ「つねに学習する」に関わってきます。

ステップ②しっかり目を開く

ここで言いたいのは、自分の目の前以外も見るということ。最初は難しいと思います。意識してマスターしなければなりません。わたしたちはたいてい自分のことだけに意識を集中してしまいます。夢遊病のように、周りを見ず、ただ前に進むだけ……。

そうならないようにしっかりと目を開いて、ほかの人が何を考え、どう働いているか、理解に努めてください。周囲に意識を向けていれば、関係ないと思えていた物事の接点が見えてきます。そういう点と点をつなぐのが幸運を呼び込むカギなのです。周囲に目を向けて、より良い判断をしていけるように、そして自分自身についても理解を深めていけるように、この本ではたくさんのヒントを示していきます。

ステップ③チャンスをつかむ

セレンディピティを招くにあたって、これが一番の難問かもしれません。だからこそ、チャンスをつかめる接点が見えたなら、こっちから取りに行かなくては。確証がなくても、リスキーに見えても、信じて飛び込むのです。「しまった、間違えた」と思うこともありますが、実は、そこにちょっとした秘密があります。なかなか気づけないことですが、チャンスをつかみ損ねたとしても、心意気と矜持さえあれば、必ず得るものがあるのです。どういう判断をしても間違いではありません。わたし自身、大きな成果が得られたのは、リスキーなチャンスに飛び込んだときばかりでした。もう一回言わせてください。どんな判断も間違いではありません――ただし、「そこから学んでいれば」が条件です。

ステップ④つねに学習する

失敗は絶対にします！　でも、わたしの失敗談を読んでいれば、少なくともわたしほどたくさんのミスはしないですむかもしれません。大切なのは学ぶこと。学習し、吸収するのです。さまざまなシチュエーションでどんなことができたか、どんなふうにすればよかったのか、いつでも心の中のノートにメモしていきましょう。その経験ノートが、いつのまにか図書館になります。次の経験に役立つ情報を引き出せるようになります。図書館の中にたくさんの経験があれば、それだけいい判断ができるというわけです。判断したら、またステップ①へ戻って、次の「何をしたいか見定める」を始めることになります。

つまり、このプロセスは回るのです。機械ではなく、生き物のように、循環しながら少しずつ育っていきます。

だけど、それが運とどうつながってくるの？

セレンディピティという言葉だけ聞けば、運任せの他力本願な姿勢だと思えるかもしれません。でも本当に大事なのは、セレンディピティを招き、活かそうとする努力を通じて、**「このキャリアはわたしのもの」**という意識を育てることなのです。自分のものなのだから、自分が主導権を持って動かしていかなければ。

実際、あなたにできることはたくさんあります。幸運を招くというのは、そういうことなのです。

鏡よ鏡……

章の終わりに、読者のあなたに考えてほしい問いや問題を載せます。この本の内容を自分自身に引き寄せて、長所や短所をしっかり意識するのが目的です。モチベーション、夢、スキル、それから自分のもろい部分を理解していれば、自分らしいキャリアアップをしていく支えになります。

・運を信じる？
・これまでの人生で一番ラッキーだった出来事は？
・これまでの人生で一番アンラッキーだった出来事は？
・アンラッキーな出来事は、本当は何かできることがあったと思う？
・目標はある？
・目標達成のための計画は立てられる？

Myth 2

夢を叶えてないのはわたしだけ……という嘘

みんなは、自分が何をしたいか、どうすればいいかちゃんとわかってる。
それなのにわたしだけ取り残されてる気がする……。
そう思うなら、とりあえず何か始めてみましょう！　自己嫌悪は無用です。

わたしのアイデンティティって？

「わたしがヤク中になる可能性もあるでしょ。そう考えれば親としてありがたいと思わないの？」

ドラマ『ガールズ』主人公、ハンナの台詞（家から追い出されたときに）

あなたは今、完全に目が覚める手前の夢うつつの状態。いつもの部屋にいるな、とぼんやり感じています。ほっとする部屋です。あったか毛布にふんわりくるまれていると、ベーコンの焼ける香りがどこからか漂ってきます。それとコーヒーの香りも。ああ、最高。これより素敵なことってあるかしら。

「起きなさい、朝ごはんよー！」

あなたは飛び起きて、そして思わずがっくりします。これが現実だった、と思い出すのです。目が覚めたこの部屋は、小さい頃からずっと使ってきた実家の子ども部屋。大学に進学して実家を出たあと、親がそっくりそのままにしていたので、昔と何ひとつ変わっていません。高校の弁論部の記念のリボン。サッカーのトロフィー。プロムパーティの写真（あんなゴスっぽい格好をするなんて、われながら何を考えてたんだろう？）。

あなたはテディベアのぬいぐるみをつかんで、もこもこのお腹《なか》に顔をうずめ、こみ上げてきた涙を抑えようとします。でも、それはムダなあがき。情けなさすぎて仕方ないのです。22歳にもなって、大学も出て、行きつくところは実家の子ども部屋だなんて。

あなたの両親は理解があるので、そんなことをねちねち言ったりはしません。いつになったら独立するのか、なんて聞きません。部屋を掃除しなさいとも言わないし、4年間の学費がどれだけかかったか嫌味を言ったりもしません。娘が帰ってきて喜んでいるからです。あなただって素直に喜べばいいはず。なじんだ部屋があって、一日三度の食事が出てきて、ネットフリックスを好きなだけ見られるオンライン環境があって。

それなのにあなたはちっともハッピーじゃありません。

「学生時代に夢見ていた未来はどこへいったんだろう？　きれいなマンションで独り暮らしをする夢は？　よりどりみどりのワードローブは？　心から打ち込める仕事は？　卒業後の生活を完璧に思い

描いてたのに！」

そうね。たしかに夢はあったのでしょう。でも、その夢にたどりつくためのプランがなかったのです。

こんなふうにもがいているのは自分だけだ、と感じるかもしれませんが、そんなことはありません。必要なのはプランです。未来をぼやけさせている霧をぬけて、走り出していくためのプランを立てなくては。

そのための最初の一歩は、日記帳を買ってくること。

「自分を振り返るための日記をつけましょう、って？　ありふれたアドバイスね」

そう思うかもしれませんが、ここで言う日記は少し違います。あなたの「できること記録（What Obviously Works Journal)」です。略して「ＷＯＷ日記」と呼びましょうか。好きなだけ偉そうに書いてかまいません。「わたしにだって絶対に何かあるはずだ、実家の子ども部屋で終わる人間じゃないんだ」という思いをＷＯＷ日記にぶつけるのです。

ただし、大事なのはそこから。夢に向かって一歩一歩進んでいくために、あなたが本当は毎日何かをなしとげているのだ、と確認するのが狙いです。今できていることに自信を持つこと。これからできることのために動きだすこと。ＷＯＷ日記は、その両方を促す助けになります。

日記帳のサイズは何でもＯＫです。罫線入りでも白紙でもかまいません。今の成果を記録しながら未来の目標を考えていくための日記です。ずいぶん前のことですが、ハーバード大学で、卒業していく学生にこれからの夢をたずねるという実験が行われました。すると、自分の未来を文章に書いたグループは99.9％その方向に向かっていたのに対し、自分の未来を口に出しただけのグループは、その方向に進まなかったことがわかりました。書けば、夢は叶うのです。

いいから書きなさいよ。
それはハーバードの学生だからでしょ。

じゃあ何から書きはじめましょうか。

最初は仕事と関係のないことでかまいません。ランニングをしたとか、犬の散歩をしたとか、そんな記録を書いてください。ぼんやり星占いをチェックしたり、フェイスブックで元彼の様子をのぞいたりするヒマがあったら、一日一つでいいから、「これがやれた」と日記に書けることをしてみましょう。祖母の知人のためにボランティア作業をするとか。家族の夕食のしたくを引き受けるとか。小説を一冊読み終えるのでもいいと思います。仕事とは関係のない、ちょっとした活動を習慣としてやってみるのです。そうすれば一日の中に数時間、達成感を味わう時間が生まれます。自分で決めたことを自分でちゃんとやっている、という意識が生まれます。そうした達成の記録をWOW日記に書いておくのです。

・今週は5回、ファジー（愛犬の名前）の散歩を担当した。
・ジョギングでいつもより3マイル長く走った。

・ステーキを焼いた。家は燃やさなかった。
・ジニーおばさんのガレージの片づけを手伝った。バイト代にもらった50ドルを、そのまま全部は遊びに使わなかった。

　こうして「**成功の習慣**」を作っていきます。成功は自信を生み、自信はさらに成功を生みます。少しずつ生産的な人間になってきたら、自分の強みは何か、気分が浮き立つことは何か、心の〝棚卸し〟をします。あなたの得意なことは何でしょうか。お金に関する作業？　何かを売る作業？　人前で喋ること、それとも誰かを励ますこと？　几帳面で何でもかっちりやるなら、それも一つの才能です。思うままにＷＯＷ日記に書いてください。

酒の強さなら男に負けない。

これ、長所になる？

びっくりはされるかもね。

　では、あなたが好きなことは何でしょう？　お金の管理は苦手でも、場を盛り上げる役なら任せてよ、というタイプもいますよね。だとしたら、どんな人とでもうまくやっていけるという能力をぜひリストに書いてください。実際とても大事なスキルです。旅行が好きかもしれませんね。大きなアイデアを考えつくタイプ、あるいは細かいことに気がつくタイプかもしれませんね。自分がやっていて好きだと思えることを、何でも書いてください。

その次は、やってみたい仕事について。何でも好きなことを職業にできるとしたら、何になりたいでしょうか。大胆に書いてかまいません。思いっきりふくらませてかまいません。

あちこちを旅しながら子どもを相手にする仕事をしたいと思うなら、たとえば『セサミ・ストリート』の制作スタッフになって、ロケで各地を回るのがいいかも。バーで隣り合わせになった他人と友達になるのが得意なら、ビール会社の営業に向いているかも。テニスとファッションが好きなら、スポーツブランドがウェアのデザイナーを探しているかも。妄想上等、です。気後れせずに大きく広げてみましょう。これなら自分がいきいき働けると思う仕事を、何でもWOW日記に書いてください。

では、自分のスキルと夢の仕事を現実世界でマッチさせるには、どうしたらいいのでしょうか？そんなときこそ、まずはネットです。やりたい仕事ができる会社、自分の長所を必要としてくれる会社、わくわくするようなミッションを掲げている会社を検索しましょう。その会社に知り合いはいないか、ありとあらゆるコネクションを考えてみます。

アプリのデザインをしてみたいあなたは、そういえば昔、アップルに勤めている人に頼まれてベビーシッターのアルバイトをしたかもしれません。遠い昔に一晩だけつきあったことのある、いとこの義理の姉の兄の友達でも、大事なコネクションです。思いつく限り、かたっぱしからリストアップして、メールして、「お仕事の話をお聞きしたいんです」と頼みましょう（人は自分のことを話すのは大好きなものです！）。

両親の友人に一流企業の社員がいるなら、仕事の話を聞かせてもらって、自分の強みや希望について相談してみましょう。ＯＢ・ＯＧ訪問もしてみましょう。うまくいけば履歴書をあずかってくれるかもしれません。

経験はなくていいの？

もちろん経験は必要です！　夢の仕事をするスキルがまだ備わっていないなら、とにかくまずやってみること。無料のインターンシップでいいから働かせてもらって、経験を積みましょう。社員かインターンかなんて、お客さんから見れば関係ありません。インターンから就職に結びつくことは多いのです。チャンスを活かして、あなたの今の能力を発揮できたなら、その先の可能性に会社が気づいてくれるかもしれません。

無収入ってわけにはいかないんだけど。

インターンシップと同時進行で、ぜひアルバイトもしましょう。カフェでもスーパーでも。もちろん収入も大事ですが、「プロ意識」という大事な資格を磨くのが目的です。どんなことでもしっかりやれる人材を、企業は絶対に喜びますし、欲しがります。この場合、インターンとアルバイトをきちんと両立して働ける能力が、大きな強みになるというわけです。

とりあえず、ママに返事をして朝ごはんを食べましょうか。それからＷＯＷ日記に使うノートを買いに行きましょう。そこから、あなたのキャリアプランニングが始まります。

鏡よ鏡……

・15歳のときに憧れていた仕事は？　その理由は？
・母親や父親は夢を叶えてる？
・両親は自分にとってお手本になる？　なるとしたら、どんなふうに？
・尊敬する人は誰？　尊敬する理由は？

Myth 3

つまらない仕事はしないほうがいい……という嘘

「学歴があるのに、小さな仕事をするのは損じゃない？」

そんなことありません！

バラ色のレンズがついた拡大鏡で、状況をよく見てみましょう。あなたが今いるシチュエーションは、あなたが思っているより、ずっと大きなチャンスかもしれません。

大きな夢に小さな仕事

「お前、学校じゃ秀才だろ。バイトでも映画館の副々支配人。お前の魅力に気づかない女なんか願い下げだ。だろ？」

映画『初体験　リッジモンド・ハイ』の登場人物、マイク・ダモンの台詞

自分がオーバースペックすぎる、と思った経験があるなら、ぜひこの章を読んでください。

わたしは大学でロシア語を専攻し、抜群の成績で卒業しました。卒業直後に最初の結婚をしたので

すが、まず夫がＭＢＡ取得を目指し、そのあとわたしがロースクールに進学して、法律関係の仕事を目指すことにしました。つまり、まずは22歳のわたしが大黒柱として家計を支えるわけです。

もともと実家ではわたしが家計をやりくりしていました。家族の中で初めて大学まで進学し、勉強でもそれ以外でも、いつでもしっかり成果を出してきました。ですから、大学に通ったイリノイ州から、夫がＭＢＡを学ぶサザンメソジスト大学のあるテキサス州ダラスまで、小さなトレイラーにわずかな荷物を詰め込んで引っ越したときも、「何をするにせよ、わたしはきっとちゃんとやれる」と信じて疑いませんでした。でも、現実は厳しかったのです。

そもそも何から手をつけたらいいのか、さっぱりわからなかったのですが、とにかく急いで仕事を見つけて働かなくてはなりません。貯金は全然ありませんでしたし、つつましい生活をしていましたが、家賃とか食費のような基本的な生活費は必要です。

そこでわたしは新聞を広げて（当時、仕事は新聞で探すのが一般的でした）、１着しかないスーツを着回しながら、毎日あちこちの面接に出かけました。で、痛感したのです——どうして職業訓練の授業を一つでもとっておかなかったんだろう、と。

タイピングのレッスンだけでも受けておけばよかった。面接で売り込むスキルが何もなく、あるのはロシア語の学位だけという自分が、本当に恨めしくなりました。頭が２つあったらよかったのに——そうしたら、「ロシア語ができるだけで、あとは無能の変わり者」扱いされることも少なかったに違いないのに！

だいたい、何でロシア語専攻で、何でロースクール目指してたんだっけ？

外国語の習得が得意で、弁護士になりたかったから。

じゃあ、ロシア語で「負け犬」ってなんて言うの？

しーっ！　陪審員に聞こえるでしょ

こんなはずじゃなかった、素敵な未来はどこへいっちゃったんだろう——眠れない夜を幾晩も過ごしたあげく、ようやく、地元の銀行でアシスタントの仕事が決まりました。わたしはタイピングもできませんでしたが、銀行が欲しかったのはとにかく受付で愛想よくしているスタッフ。２番目の優先順位として、なんとか書類が作れる程度でよかったのです。あとは時給５ドルという条件を了承する人材を探していました。

それがわたし、というわけです！

もちろん時給5ドルでは食べていけませんし、勤務時間は週40時間固定で残業もないので、ショッピングモールの紳士服売り場でアルバイトもすることにしました。こっちを完全に見下してくる横柄なオバサン（と、わたしが思っていただけかもしれませんが）を相手に、ネクタイを売る仕事です。多くは週６日の銀行と、週３日の紳士服売り場で、その年の年収は１万２０００ドルになりました。

ありませんが、生活費をまかなうことはできました。

最初はひどく気が滅入ったことは否定しません。地方銀行とモールじゃなくて、もっと華やかな世界で働く姿を想像していましたから。自分には高い能力があるのに、周囲がなぜそれに気づかないのか、もどかしくてたまりませんでした。

でも、それからちょっとおもしろい展開になっていきました。タイピングもできないロシア語専攻の女にチャンスを与えてくれた銀行は、率先して仕事のできる人材、責任ある仕事を進んで引き受ける人材を探していました。

はっきり言って、採用した時点で、わたしがそれに該当するとは考えていなかったと思います。それでも銀行は、わたしに仕事の幅を広げるチャンスをくれました。受付のニコニコ係として入ったわたしが、1年目のうちに社員給付金の管理も担当するようになったんです！　責任範囲が広がったことは、かなりの自信になりました。この頃には、「せっかくロシア語を専攻したのに、無関係の仕事に就いた、不本意だ」と思うのではなく、「さまざまな可能性のある世界で、銀行という未経験の仕事に就けた」と思えるようになっていました。

ほかにも最初の1年間で、想像もしていなかったことを知りました——わたしはビジネスの世界が好きだ、と気づいたのです。高校・大学時代にディスカウントショップのレジで働いたことはありましたが、自分が一般のビジネスに関わるとは思っていませんでした。

でも、実際にやってみると楽しかった。とても楽しかった。そこで本格的に学ぶために、ビジネススクールに入ろうと決めました。出願するためには、ＧＭＡＴ（訳注 ビジネススクールの進学適性試験）を受ける必要があります。実は、まだ弁護士になる夢も捨ててはいなかったので、ＬＳＡＴ（訳注 法科大学院への進学適性試験）の受験と両立することになりました。

セレンディピティを自分で招く――あなたにできること

わたしにとってＧＭＡＴ受験は、神話（Myth）１で紹介したフレームワークのステップ②「しっかり目を開く」と、ステップ③「チャンスをつかむ」だったのです。弁護士になるのが夢だったわたしは、ビジネスの世界にはまったく触れてきませんでした。でも、短期間ながらビジネスの世界を経験して、それまで知らなかったことを学び、強く興味を惹かれるようになりました。そして驚いたことに、ＧＭＡＴの成績がとても良かったんです！　むしろ、ずっと法の世界を目指すための勉強をしてきたというのに、ＬＳＡＴの成績はそこそこでした。ビジネスの世界のほうが向いているかもしれない、と悟ったことは、わたしの大きな分岐点だったのだと思います。

人生はいろいろあるもので、その後ゼールス・コーポレーションという企業に、小売の経験があってＭＢＡを取得したい人のための奨学金制度があると知りました。そういうわけで、「奨学金という無料券をもらってＭＢＡを取るか」それとも「学費を払って3年間ロースクールで学ぶか」という、2つの選択肢を考えることとなったのです。

もちろん、選ぶのはＭＢＡです！

昔から夢は堅実に見るほうだったしね。

難しい判断じゃなかったわね。

では、この経験にはどんな意味があったのでしょうか。

わたしが思うに、ここにはいくつか実用的なヒントが込められています。

1 どんなに小さな仕事でも、その先に大きな何かが待っている

銀行の仕事は、弁護士になる道のりからの一時的な脱線のつもりでした。でも、これがわたしをビジネスの世界へ引き入れ、結果的にキャリアの出発点になったのです。

仕事が何であれ、くだらないと切り捨てないでください。どんな経験でも必ず何か学ぶことがあります。次の仕事に活かせることがあります。わたしがMBAを取って、次の仕事の面接を受けたときも、銀行で実績を認められ多くの責任を任せてもらえたことを説明しました。これは絶大なセールスポイントです。面接官は、わたしの熱意と、率先して働く意欲を理解してくれました。

2 小さな仕事でしっかり働けば、大きな自信がつく

学生時代は自分に自信がありましたし、いつでも優れた成果を出していました。でも、卒業したとたん、ロシア語の学位はむしろ厄介なお荷物になってしまったわけです。とても不安でした。どうし

たらいいかさっぱりわかりませんでした。銀行の仕事は、そんなわたしに、自信を取り戻させてくれたのです。目の前にある仕事をしっかりこなすことで、少しずつ「できる」という感覚をつかんでいきました。

業務を通してスキルを身につけ、実績を作り、自分で誇りに思える成果を積み上げていきましょう。自信がつくと同時に、次の昇進や転職の面接で披露できる重要なアピールになります。

３ 毎日の業務から何かを学べる

「これは好きじゃない」「これはもう二度とやりたくない」と思い知ることもあります。それも大事な学びです。反対に、日常業務を通じて、自分でも気づかなかった才能が見つかるかもしれません。誰かがあなたの仕事ぶりに目をとめて、もっと大きなチャンスを与えようと思ってくれるかもしれません。いずれにしても、学習し、達成し、次の目標を設定し、このサイクルを何度でも繰り返していくのです。

ここまでの３つは、わたしが大学卒業後に学んだことです。あれから30年以上経った今のわたしは、多くの人を雇うＣＥＯという立場になりました。それを踏まえて、さらにあと２つアドバイスをさせてください。

4 どんなことにも全力で

どんな仕事にも最大限の力を尽くしてください。誰でも、仕事やプライベートでキツい挫折を味わうことはあります。でも、そんなシチュエーションで他人にはできないような乗り越え方ができるなら、もっと大きくてもっと素晴らしいチャンスにつながります。

5 仕事をしていれば、仕事を見つけるのは簡単になる

本当にやりたい仕事しかしたくない、少しでも条件が合わない仕事はしたくない——と思っているかもしれません。でも、何であれとにかく仕事をしてさえいれば、そこでのスキルや実績がアピールの材料になります。家電量販店のレジ係でもかまいません。収入を得ながらスキルを得られます。でも、自分で仕事を生み出すという選択肢も検討してください。スペイン語が話せるならスペイン語を教えるとか。経理が得意なら、友人の税金申告や家計の予算策定を手伝うとか。何でもいいから、自分の能力を活かし伸ばせる仕事をしてみるのです。

大きな夢で小さな仕事をがんばることについて、わたしが知る限り一番のエピソードを紹介させてください。わたしの会社、ルディーズ・オーガニックの夏のインターンに応募してきた女性の話です。

当時の彼女は19歳、大学2年生でした。高校や大学で経験したアルバイトについてたずねると、な

んと、大好きなお菓子作りを仕事にしたことがある、というではありませんか。小さなケーキをスティックに刺した商品を考案して、「ケーキ・ポップス」と名づけていました。軽い名前とは裏腹に、材料は１００％オーガニックで、母親が子どもにぜひ食べさせたいと思うようなお菓子だったのです。しかもケーキが顔になっていて、一つ一つ個性があるという、素晴らしい商品。彼女はこれを自宅のキッチンで手作りして、地元のコーヒーショップに置かせてもらい、販売していました。

インターンにはもちろん彼女を採用しました。好きなことをビジネスにした経験を重視したからです。彼女はケーキを置かせてくれる店を探すため、冷たくあしらわれながらも根気よく営業の電話をかけたそうです。

経験がある人ならわかると思いますが、電話営業は本当に大変な仕事です。大きな儲けにはならなかったようですが、このように率先して動く姿勢があったことで、彼女は明らかにほかの応募者より際立っていました。彼女一人でこれだけできるなら、会社のリソースとサポートがあれば、どれだけのことを実現してくれるだろう、と期待せずにはいられませんでした。

こんなふうに、ささやかな仕事の経験が、もっと大きな仕事の基盤になっていくのです。オーバースペックで給料が見合わないと思うなら、あなたの「ケーキ・ポップス」を見つけてください。その小さなお菓子が、次のドアを開いてくれるかもしれません。

鏡よ鏡……

WOW日記に書いてみてください。

・過去4年間に経験したすべての仕事を思い出してみましょう。それぞれの仕事で、一緒に働く人と自分との違いは何だった？ほかの人がしていないことで、自分がしたことは？

・それぞれの仕事で好きだったことは？

・それぞれの仕事ですごく嫌だったことは？「絶対に、何があっても、二度とやらない」と誓ったことは？

・すべてのことに全力投球した日を思い出してみましょう。それはどんな経験だった？

・お金の心配をせず、自分の「ケーキ・ポップス」プロジェクトに取り組めるとしたら、どんなことをしたい？

Myth 4

面接でとりつくろっても意味がない……という嘘

あなたにしか語れないストーリーがあるはずです。
人に語れるストーリーを自分の力で作っていきましょう。
「人に」というのは、ここでは、あなたの未来の雇用主のことです。

あなたも一つのブランド

目立ちたければピエロの衣装で面接に行ってもいいかもしれません。花束を買って面接官にプレゼントすればいいのかも。絶対に印象には残るはず――ただし、笑い話として、ですけど。社内でネタにされるだけです。

花束はいいんじゃないかと思うけど。

面接じゃなくて口説くつもりならね。

とはいえ、何が何でもこちらのことを覚えてもらわなくてはなりません。「この仕事を彼女にやらせたい」と思い浮かべてもらえるようにしなければ。

印象づけたいと思うなら、自分がブランドだと考えてみましょう。アップル、ナイキ、チートス、フェイスブックと同じです。そういうブランドの品物を思い浮かべてみたとき、ほかとは違うと感じる点は何でしょうか。

考えるヒントとして、まず「ブランド」という言葉を辞書で引いてみます。

ブランド〔名詞〕

1 商品や製造者を特定する商標、独自性のある名前。

2 そのブランドとして特定される商品シリーズ。

3 独特のカテゴリー。特定の種類。

キーワードは「独自性」「独特」です。

独自性がある、際立っている、ほかの人にはないものがある、会社にぜひとも必要だ……そんなふうに見てもらえるのが理想的です。WOW日記を開いて、次に挙げる6つの項目を書き出してみてください。

１　自分の秀でている点
問題を解決する力がある、人づきあいがうまい、計算が得意、文章力がある、片づけが上手、外国語ができる……何でもリストアップします。

２　どんなことで気分が浮き立つか
目が覚めて、今日一日のことを考えたとき、すぐにベッドから飛び出したくなる用事は何でしょうか。「気分が浮き立つのは、宝くじに当たったとき」と思うなら、そう書いてもＯＫです。それに付け足して、ほかの好きなことも書いていきましょう。ウォータースポーツでもいいし、お風呂の中で歌をうたうことでもいいし、旅行でも、小さい子の相手をすることでもかまいません。

３　自分にとって重要なこと
お金持ちになることでしょうか。有名になることでしょうか。仕事に全力を尽くしてやりがいを感じたいタイプか、５時には退社してホットヨガの教室に行きたいタイプか。毎日同じ作業を繰り返すことは気にならない？　それとも毎日違うスケジュール、毎日違うわくわく感が欲しい？

４　これまでの人生で一番誇らしく思えること
テキーラ10杯飲んで吐かずにいられたなら、それは自慢になるかもしれません。でも、二日酔いになること以外で、何か考えてみてください。高校の家庭科で洋服をデザインしたとか。バイト先のカフェでアルバイト・リーダーになったとか。大学の化学の研究で賞を獲ったとか。カナダのモントリオールでフランス語が通じたなら、それも充分自慢になります。

5 やりたくないこと

計算だけは苦手。メールを書こうとすると文面が全然思い浮かばない。気が合わない人とは一緒にいられない。読書は嫌い。誰にでも不得意な作業はあるものです。自分がどうしてもうまくやれないことを知っていれば、それもブランドを磨く材料になります。

6 人は自分をどう見ているか

これは難しい質問です。都合のいいバラ色の眼鏡を外して、人が陰で自分のことをどう言っているか想像してみなければなりません。他部署の意地悪な同僚が何を言おうと、聞く耳を持つ必要はありませんが、ふだん接している人が自分をどう思っているか考えてみましょう。

こうした事柄にはあなた自身が表れています。6つの問いに答えていると、自分について、自分が優先することについて、だんだん一貫するテーマが見えてくるでしょう。それをつないで、自分を語るストーリーに組み立てればいいのです。あなたというブランドのストーリーです。

昔々、あるところに……

そういう「お話」じゃなくて！

見えてきたテーマの中から、自分をよく表現しているキーワードを３つ考えましょう。お尻にタトゥーを入れて宣言してもいいくらい、「わたしらしい」「ほかの人とは違う」と思える３つのキーワードを探します。

タトゥー入れるなら、せめて蝶の柄にさせて。

３つに絞る理由は、２つだと少なすぎるし、５つだと多すぎるから。偶数より奇数のほうがいいらしいので、４つもなし。といっても、「いいらしい」の根拠はよくわかりませんし、好きな数を選んでかまいません。

わたしは３つがいいと思います。今現在のわたしが自分のテーマとして挙げるキーワードは**「カウガール、CEO、メンター」**です。ほかの人では、たとえば「語学、読書、旅行」という場合もあるでしょう。

この３つが、あなたの**「ブランド・ポジショニング宣言」**のベースになります。「ポジショニング宣言ってなに？」と思う人のために、ウィキペディアをチェックしてみました。

ポジショニング宣言《ステートメント》
ジェフリー・ムーア著『キャズム』(翔泳社)の説明によれば、製品のポジショニング宣言はこのように記述される。

「この(　　)は、
(　　)で問題を抱えている
(　　)向けの、
(　　)の製品であり、
(　　)することができる。
そして(　　)とは違って、
この製品には(　　)が備わっている」

……難しいですね。わたしはこんなふうに整理してみました。

ポジショニング宣言とは、自分が人とは違うとはっきり伝わるように、自分の3つの強みを説明すること。たとえば今のわたしのポジショニング宣言は、先ほどの3つのキーワードをつないで、こんなふうになります。

「わたしはカウガールのように元気でパワフルなCEOです。若い女性が自分の夢をつかめるよう、メンターの役割を果たしていきたいと思っています」

キーワードに「語学、読書、旅行」を挙げた友人のポジショニング宣言は、こんなふうです。

「わたしは語学に強い興味があります。読書量でも人に負けません。通訳や翻訳の仕事をしながら世界をめぐるのが目標です」

ポジショニング宣言は変わります。わたしの宣言も年月を経て変化してきました。ご存じの通り、わたしは大学でロシア語を専攻し、小売店でアルバイトをした経験はあったものの、MBA取得前の唯一の正社員経験は小さな銀行の受付として働いたことだけでした。24歳で、フリトレーという憧れの会社の面接を受けることになったわたしは、これだけの条件をどうにか活かして、ハーバードやスタンフォード大学を出たほかの就職希望者に対抗しなければならなかったわけです。

ショッピングモールと銀行という経験しかないわたしが、「一流企業でインターンを経験しました」という人に勝つには、どうしたらいいのでしょう?

すごい差がついてたよね。

今さら思い出させないでよ。

そこでわたしは自分のブランドを作ることにしました。当時のわたしがお尻にタトゥーを入れてもいいと思ったキーワードは――念のため言っておきますが、本気でタトゥーにするのはおすすめしません。あなたもわたしも、長所は年月とともに変わるのですから――「働き者、リーダーシップ、結果」です。

「わたしはつねに真剣に働きます。リーダーとしてチームをうまく率いた実績があります。そして結果も出してきました。

働き者という点では、10歳のときに双子の弟たちの面倒を見ていた頃から、働くことに責任感を持っていました。高校在学中は、アイスクリーム販売とディスカウントショップのレジ係をずっと続けました。15歳のときに父が家を捨て、母は仕事を掛け持ちして働きましたが、それではぎりぎりの収入だったので、わたしも家計を支えていました。大学時代もアルバイトを続け、卒業後は昼間に銀行、夜にはモールで働きました。大変でしたが苦ではありませんでした――むしろ、そうやってがんばるのが性に合っていたようです。

リーダーシップという点では、高校生のとき学校の代表に選出されて、トルコへの交換留学を経験しました。ドイツ語クラブの代表と、討論部の部長も務めました。大学では、女子学生社交クラブ『デルタ・デルタ・デルタ』で、選挙によって選ばれていくつか責任ある立場を経験しました。人をまとめる立場はやりがいがありました。

結果もきちんと出しています。高校時代はさまざまなクラブで活動しながら、アルバイトと弟たちの世話もこなしていました。17歳のときには、レジ係のアルバイト・リーダーに昇進して、正社員にならないかと誘われました。大学のときも、低賃金ながらさまざまなアルバイトをこなし、同時進行でボランティアにも参加していました。卒業後に勤めた銀行では、最初は受付係でしたが、半年以内に、社員給付金の管理を任されました。

その後、奨学金をもらってＭＢＡを取りました。学生時代も、働くようになってからも、いつでもきちんと成果を出してステップアップをしています。結果が出るのはうれしかったです。勇気と自信がわきました」

言っとくけど、これは歴史の「書き直し」だからね。勘違いしないでよ。本当に24歳だったときは、こんなにうまくまとめられなかったくせに。

だけど、最終的には仕事が決まったじゃない。あのときこんなふうに言えたらもっとよかったのに、っていう話よ！

あなたもぜひ、「自分を表す3つのキーワード」を見つけましょう。３つが見つかったら、自分にぴったりの仕事もきっと見えてきます。面接にもこぎつけるでしょう。そしていざ面接に行ったら、この

3つが登場する具体的なストーリーを説明すればいいのです。経験がブランドになります。あなたがこれまでうまくやってきたこと、情熱を注いできたこと、嫌だと思ったこと、もっとやりたいと思うこと……それがあなたのストーリーであり、ブランドなのです。

自信を持って、そして堂々と胸を張って、自分が愛せる自分だけのブランドになりましょう！

胸を張れる明日のために　その1の1

成功の2つの秘密

「ブランド・ポジショニング宣言」を作り、鏡の前で口に出して言ってみましょう。そのとき、次に挙げる2つの秘密を頭に入れておいてください。

・秘密1　成功したければ、自信を持って

自信を持って自分を光らせようとしない女性が本当に多くて、わたしはよく驚いています。若い女性はたいてい、これまでに達成したことをきちんと披露せず、変に謙遜したがります。あなたの人生であなたがしてきたことは、ちゃんと誇りに思いましょう。どんな活動にも、それをした理由があったはずです。それが次のキャリアにつながっていきます。

・秘密2　成功したければ、堂々と

ポジティブなエネルギーは伝わります。あなたというブランドを見せるときは、ぜひ堂々とした態度で披露しましょう。クマがハチミツに惹かれるように、人はそうしたエネルギーに引き寄せられます。元気な自分をしっかり見せましょう。

自信を持って、そして堂々と胸を張って。この2つの力が、あなたのベストを引き出してくれます。

Myth 5

人脈作りってゴマすりのことでしょ……という嘘

人脈を作ることと、仕事を紹介してもらうために連絡しまくることは、同じではありません。人との縁は一方通行ではないのです。頼みごとをする人とされる人、両側から成り立っているのですから、大事なのはその結びつきを築くこと。あなたを助ける人脈は、あなたからの助けも必要としています。そうしたやりとりの中で、意外な人から連絡が来ることだってあるかもしれません。

人づきあいについて

「大事なのは何を知っているかではなく、誰を知っているかだ。わかったか？」

『GQ』誌「スタイルのある男の友情、雑談、社会的進歩の手引き」グレン・オブライエン（2011年4月）

わたしはずっとビジネス上の人間関係に苦戦してきました。今から考えれば、社交スキルが低かった理由ははっきりしています。

１何でも自分でしなくちゃいけないと思っていた。サポートをお願いするのは能力不足の証拠になると考えていた。

２人との縁を一方通行な目で見ていた。自分が頼られる場合を想定していなかった。

３権力を持った人と太いパイプを築くことが人脈作りだと思っていた。そういう人が自分を引っ張ってくれるはずだから。

４とはいえ、会社の偉い人に近づくとゴマすりと見られるのではないか、と不安だった。そんな評判が立つのはまっぴら。

５初対面の人と話すのがいつでも苦手。わたしのことを知りたがるわけないし。

愛想いいから気に入ってくれるんじゃない？

そうでもないでしょ。

……全部ナンセンスな思い込みです。
人脈作りはキャリアのどの時点からでも始められます。助けてくれる人や、わたしが助けられる人といつどこで出会えるか、誰にもわからないのです。

わたしの場合は、「人脈作りをしている」なんて意識してもいなかったときに、最初の大きな突破口が訪れました。フリトレーに入社して、フィールドマーケティングに携わっていたときのことです。

アメリカ中部で実施されるマーケティングプログラムを開発することになりました。その地域の営業担当バイスプレジデントは事実上の「何でも屋」で、営業だけでなく、人事、財務、運営全般も間接的に指揮をしていました。リーダーとして部下の力を引き出し、増収増益につなげていく立場でした。

わたしはさっそくセントルイスに見学に行き、会議に参加して、バイスプレジデントのスピーチを聞きました。50人の男性社員（そうなんです、男性しかいませんでした）に将来のビジョンを説明し、今後の試練や対策を語る彼の言葉には、たしかな熱がこもっていました。エネルギーが会議室に大きく広がっていくのが肌で感じられるようでした。

スピーチが終わると、全員が総立ちになって、割れんばかりの拍手を送っていました。わたしもその一人です。あんなふうに心を動かされた経験は初めてでした。

会議のあとは懇親会がありました。これがわたしにとって貴重な人脈作りの場となったのです。できるだけ多くの人に挨拶をして、たくさんの話を聞きました。担当業務のこと。その業務をどう思っているか。あの素晴らしいスピーチをしたバイスプレジデントは、演説能力以外にどんな特別な資質を持っているのか。一人一人答えは違いましたが、共通点がありました。彼らはみな、自分たちはチームだと意識していたのです。あのリーダーにどこへでもついていく、一つのチームなのだ、と。

セレンディピティを自分で招く——あなたにできること

この懇親会は、何の収穫もないイベントで終わっていたかもしれません。本部のマーケティング部から出張してきた若い女性社員（わたしのことです）は、男性ばかりの営業の雰囲気になじめず、なんとなくホテルの部屋に戻るだけ……という展開になっていた可能性もあるでしょう。

でも、そうはなりませんでした。実際には、これがわたしのキャリアを大きく変える分岐点になったのです。自分にはマーケティングしかないと思っていたのですが、まったく新しい可能性が見えてきました。こんな大勢の営業部員に「ついていきたい」と思わせる、そんなリーダーに、わたしもなれないだろうか。わたしも、チームを導いて成果を出していく立場になれないだろうか。

ほんの数時間ほど、営業部の人たちと交流したことで、新しい夢が生まれたのです。翌日さっそく上司に話をして転属を願い出ました。こうして、営業という世界でわたしのキャリアが広がることとなりました。

あなたも同じようにしろ、というわけではありません。言いたいのは、自分から率先して動きましょう、ということです。次に挙げる2つのポイントを頭に入れながら、人脈作りに乗り出してください。

一つめのポイントは、つねに人との結びつきを意識すること。求職中だけ人脈作りに励んでもダメです。コネのためではなく、人を知るために、接点を作っていきましょう。それ自体が楽しいことですし、自分が誰かの役に立てたらうれしいですよね。反対に、予想外のときに誰かに助けられることがあるかもしれません。

二つめのポイントは、車輪の軸《ハブ》になるように意識すること。知り合いと知り合いを結びつけることも心がけましょう。仲介役を務めていれば、ときどき驚くほどの見返りも得られます。

さらに、何より重要な点として、人脈作りには行動が必要だということを忘れないでください。方法はたくさんありますが、まずは昔ながらのやり方から。イベントに足を運ぶのです。オンラインのネットワークよりも労力はかかりますが、実際に顔を合わせるというのは、やはりパワフルな効果があります。

交流イベントって嫌い。初対面の人に会うのは気が進まないから。

だからプランを立てるのよ。

人脈作りにはプランが必要です。最初は、何か共通点や関心がある領域を選びましょう。同じような立場の人が集まる業界イベント。興味を持っている分野の本のサイン会。新しいことを学べそうな講演。近所のスポーツジムや、ジムのあとで立ち寄るジューススタンドが、人脈を広げる出会いの場になるかもしれません。

知り合いのいない場に出かけるのは気が進まないなら、友達を連れて行きましょう。2人のほうが、他人の話の輪に入れてもらうのも、かなり楽になります。口をきける相手が少なくとも一人はいるのですから、誰もこっちに興味を示さないように見えても、びくびくする必要はありません。
それに、周囲の無関心も長くは続きません。あなたが喋るチャンスが来たときに、その場の会話に関連して、何か「おっ」と思ってもらえることを話せばいいのです。大事なのは、こちらが喋ったことに対して、向こうからの質問を引き出すこと。そうやって会話を引っ張ることができれば、あなたの存在はきっと印象に残ります。

でも、本当に何の関心もない場所だったら？　仕事が欲しいから行っただけで。

だったらなおさら、それを相手に悟られないようにしなきゃ。

さらにいい方法は相手に質問すること。人は自分の話を語るのが好きです。耳を傾けるオーディエンスがいるというのは気持ちがいいものです。あなたも、喋るより聞いているほうが、いろいろな情報を吸収できます。
見逃されやすいのですが、これは本当に大切なことなのです。人と会うときは、その人の話を聞きましょう！　自分の話に夢中になってはいけません。相手を喋らせることができれば、そのぶんだけ、相手は会話に身を入れてくれます。会話に身を入れれば入れるほど、そのやりとりと、あなたのことを、強く記憶する可能性が高くなります。

会話が盛り上がって止められない場合もあるかもしれませんが、できれば、同じ人とずっと喋っているのは避けましょう。せっかく勇気を出して参加したのですから、そのイベントを最大限に活用しなければ。会話を切り上げて次に移りたいときのベストな言い方は、礼儀を守って率直に言うことです。

「お話しできて本当にうれしかったです。今日初めてこの会に参加したので、もう少しほかの方にも挨拶してこようと思います」

状況に応じて、こんなふうに付け足してみてください。

「もしよかったら、近いうち、お茶でも飲みながらもう少しお話を聞かせてくださいませんか。今週中にメールさしあげます！」

お茶なんて絶対にしたくない人もいるんだけど。

そういうときはメールしなきゃいいの。

移動する前に名刺交換を忘れずに。もらった名刺に、相手の特徴などをメモしておきましょう。フォローアップのメールを送るときは、交わした会話に関連したことを書きます。そうすれば社交辞令っぽくなりませんし、その他大勢との差別化になります。

こうした人脈作りはとても効果的ですが、少しだけハードルが高いかもしれません。ですので、もう少し敷居の低い交流方法も紹介しておきます。

・社内で人脈を広げる

今の会社が大きくても小さくても、自分の仕事が好きでも嫌いでも、ぜひ社内のネットワークを広げましょう。他部署の業務も学んで、ふだん一緒に仕事をしていない人と知り合うのです。会社に対する理解を深めるだけでなく、「わたしは、自分の仕事だけやってればいい、というタイプではない」と、上司に信号を送ることになります。社内サポートの基盤を固めることにもなるでしょう。複数の部署が関わるプロジェクトをやることになったとき、この基盤から支援が得られます。また、お互いが昇進していくことで、長期的なメリットも得られます。

・オンラインの世界は宝がいっぱい

フェイスブック、ツイッター、ピンタレスト、リンクトインには豊富な情報があります。気になる会社、自分に関係のありそうな仕事、ビジネスのトレンドや情報も入ってきます。興味深い会社のページに「いいね」をして、ビジネス誌のニュースフィードをチェックして、素晴らしい会社に関わっている人と友達になりましょう。それも絶好の人脈作りです。

ＳＮＳで友達になるときは、メールを送って、知り合った経緯の確認をします。

「こんにちは。ワイルド・サミットではお話しできてうれしかったです。ぜひフェイスブックとリンクトインでもフォローさせてください」

直接会ったことがない人と接点を持ちたいなら、「あなたのブログは前々から大好きで、よく読んでいます！　フェイスブックでもつながれたらうれしいです」と書いてみるのはどうでしょうか。定型の挨拶文で済まさず、パーソナルなメッセージをちょっと加えるだけで、印象はぐっと変わります。堅苦しい文面にする必要はありませんが、カジュアルなのとなれなれしいのは違いますから、そこは気をつけてください。

企業幹部に「お久しぶりです～」って呼びかけたのはまずかった。

友達になったら、投稿にコメントをつけたり、写真を共有したりしましょう。相手の友達ともぜひ友達になりましょう。

ただし、権力者だけに熱をあげて、その他の人をないがしろにするようなことがあってはいけません。人生はどう転ぶかわからないのです。今日は冴えない同僚が、明日はマーケティングチームを率いているかもしれません。そうだとしても、そうでないとしても、知り合う価値がないなんてどうしてわかるでしょう？　友達になった人が、そのうちキャリアアップをするかもしれないし、プライベートで何かおもしろい活動をしているかもしれません。

反対に、相手が偉い人でも、びくびくする必要はありません。リンクトインにページを開き、フェイスブックのアカウントを持っているのなら、相手も人脈を作ろうとしている可能性が高いのです。礼儀をきちんと守ったうえで、知り合いになりたいと伝えてみましょう。

でも絶対に、「仕事をください！」なんて突撃しないこと。

していいのは、友達になり、投稿内容をシェアして、写真に「いいね」をつけること。正式に履歴書を送るときが来たら、相手が名前を思い出してくれるように、フェイスブックやリンクトインで友達になっていることに軽く言及する程度です。

写真に写ってる子どもが褒めにくい顔だったら？

そういうときは服を褒めるのよ。

では、今現在のあなたがやりがいのある仕事に就いていて、転職の必要がないとしたら？

その場合も人脈作りを始めましょう。求職活動に必死になっていないときのほうが、ネットワークは広げやすいものです。つながりのできた人や、広がった縁から、将来的に助けてもらうことがあるかもしれません。こちらが何らかの役に立てることも、きっとあるはずです。

わたしも、フリトレーを退社して何年も経ってから、昔のコネクションに助けられたことがあります。社会的責任のある企業活動を支援する「アンリーズナブル・グループ」という非営利の団体に加わっていたのですが、そこでリベリアに関わる新興企業を担当することになりました。内戦時に少年兵だった子どもたちにカカオ収穫の仕事を与える活動です。

わたしはリベリアのことも、チョコレートのことも（食べる以外は）、何も知らなかったのですが、フリトレー時代の同僚に、チョコレート会社ハーシーの幹部になった知り合いがいました。

そこでリンクトイン経由で彼に連絡し、アドバイスをお願いしてみました。彼がハーシーのカカオ買付担当者と引き合わせてくれて、そこからのツテで世界カカオ財団の責任者とつながりができ、その人がリベリア現地のＮＧＯを紹介してくれたのです！　20年前の同僚一人への連絡から、こんな快挙につながるなんて、夢のような展開でした。

人との縁というのは、こんなふうに、予想もしていなかったときに助けになってくれるものなのです。

鏡よ鏡……

・知らない人に会うとき、何を一番不安に感じる？
・これまで、自分だけ新参者という場で、うまくいかなかった体験を振り返ってみましょう。
・うまくいった体験を振り返ってみましょう。
・びくびくしながら初対面の人と会ったとき、相手のどんな点に緊張がほぐれたか、思い出してみましょう（笑顔、問いかけ、視線……）。

・人との縁のおかげで望んでいた場所、仕事、引越先などにたどりついた経験を思い出してみましょう。

胸を張れる明日のために　その1の2

メンターのこと

人脈や縁を広げながら、ぜひ、信頼して相談できる相手を見つけてください。正直なフィードバックをくれる人。上司、親、友達とは議論しにくい問題（上司には知ってほしくない内容や、親には理解できない話もありますし、友達にはもっとほかに大事なことを話したかったりするでしょうから）にアドバイスをくれる人。そうした「影の参謀」がいれば、少し不安なシチュエーションにも思い切って乗り出す力がわいてきます。

最高の師《メンター》の力を借りるために、いくつか気をつけておきたいポイントがあります。

１相手の時間を大切にすること。質問を具体的に用意しておけば、ムダな時間をとらせずに、アドバイスやサポートを考えてもらうことができます。

2 良い話もすること。弟子がしっかりやっているとわかれば、メンターは喜びます。トラブルの相談をするだけではなく、成果なども伝えましょう。

3 必ずフォローアップをすること。アドバイスの聞きっぱなしではダメです。

4 こちらからお手伝いする方法をたずねること。メンターにとっても、弟子から「何かお役に立てることはありますか」と言われるのはうれしいものです。一方通行の関係ではないと思っていることが伝わります。

そして、**あなた自身がメンターとなることもあるのだ**、と心得ておいてください。年齢や経験は関係ありません。あなたの人脈の中に、機会があればあなたを頼りたいと思っている人は、必ずいるものです。わたしは、大学を卒業したばかりの頃、自分より年上で自分より賢い人からアドバイスをもらおうとしていました。それも悪くはないですが、わたしの進路を参考にしたい後輩もいるんだ、という点に気づいていませんでした。食物連鎖の先を見ることも大事ですが、後ろに続く連鎖も、ちゃんと見なければならないのです。

それに、メンターだと気づいていなかった相手が、実は自分を支えてくれているかもしれません。わたしの場合、人生に最大の影響を与えたのは祖父でした。小さい頃のわたしは、祖父のおすすめの本や伝記を読んで、毎週のように読書感想文を書いていました。独学で学んできた祖父は、「教育を受ければ人生の選択肢が広がる」という信念を刷り込んでくれました。わたしが13歳のときに他界したのですが、その影響は消せないスタンプのように残り、わたしの進む道を支えています。この本であなたに伝えたい「わたしにはわたしの力がある」という姿勢は、祖父が与えてくれたものでした。

メンターになるというのは、人との結びつきを育てることなのです。誰かの人生の後押しをしたいと心の底から望むのですから。キャリアのどんなステージにいるときでも、誰かがはしごを昇る後押しは、あなたにも必ずできるはずです。

Myth 6

面接に持ち込めばこっちの勝ち……という嘘

あなたはできる限りの努力を尽くしてきました。たくさんの知人に連絡をして、その人から紹介された人から紹介された人から紹介された人とも会ってきました。がんばったかいがあって、ついに面接までこぎつけたのです。

「ここまで来たんだし、もう大丈夫と思っていい？」

まさか！　まだまだ気を引き締めて臨まなくては！

面接は怖い！

そうですよね。わたしも同じです。どれだけ自信があるつもりでも、面接はビジネスの世界で何より怖いものだと感じます。着ていくものを選ぶのも大変。特に最近では、多くの会社がカジュアルな服装を認めていますから､逆に難しいのです。ジーンズとサンダルがふつうという会社にスーツで行ったら、浮くだけかもしれません。かといって本気でジーンズとサンダルで行ったら、まじめに仕事探しをしていないと見られるかも。

着るものの選択はプレッシャーの始まりにすぎません。面接会場に着いたら、まず待たされます――ただでさえ緊張しているのに、ここで生殺しの目に遭うわけです。

想像してみましょう。面接当日、あなたは決められた時間よりだいぶ早く着いて、30分も建物の外で「わたしがこの仕事に適している理由」や「これまでの人生で一番苦労した経験」「誇りに思うこと」などをリハーサルします。そして何とか勇気を振り絞り、指定の時間より10分余裕を持って建物に足を踏み入れます。しっかりやろう！　うまく印象づけよう！　あなたの脳裏には、すでに社員としてこの建物に通う自分の姿が思い浮かんでいます。

受付で名前を書いて、ビジター用ネームバッジをもらって、ロビーで待機。これから未来の上司となる人に会うのです。求人情報で確認した限りでは、そのポジションはあなたにとって、どうしても手に入れたい仕事です。

上司がイヤなやつだったらどうするの？

あなたは指示された椅子に座って、壁の時計をにらみながら待っています。１分が30分に思えるくらい、のろのろと進む時計を見ているうちに、あなたの自信は少しずつ薄れていくのです。待たされている間に化粧も崩れてしまった気がしてきます。ブラウンでまとめた服装も後悔しはじめます。勝負服ならブルーとブラックにするべきだった、と悔やまずにいられなくなります。
ついに固く閉ざされた扉が開きました。女性が出てきて、アシスタントだと自己紹介をします。そのフレンドリーな態度に、ほんの少し勇気が戻ってきて、何か気の利いた質問をしようと考えます。でも、もごもごとありきたりの挨拶をするのが精一杯。「素敵な靴ですね」とかなんとか言ってみますが、たちまち後悔の嵐に襲われます。とはいえ、そんな台詞でも、声が出たのは上出来！　少なくとも自分を励ます効果はあります。
通されたオフィスでふたたび待つ間、先ほどの女性が飲み物はどうかと声をかけてくれます。あなたは水かコーヒーが欲しくてたまらないのですが、スーツにこぼすかもしれないのでコーヒーは頼めません。いつトイレに行けるかわからないので、水もダメ。「結構です、ありがとうございます」。それだけ言って、あなたはひたすら待つのです。
そしてようやく、あなたの未来の上司が姿を現します。手を差し出して、がっちりと強い握手をしてきます。

想像してたより頭が薄いのはたしかね……。

想像してたより背が低いかも。

上司の服装はジーンズです。それだけでも少しほっとしました。圧迫感のないブラウンのスーツに、さわやかな白いTシャツを合わせてきたのは正解だったようです。

照明よし。ステージよし。役者のスタンバイよし。さあ、アクション！

いよいよ面接のスタートです。ここから先の展開を完璧に予想しておくことはできません。ビジネスのプレゼンをするなら、きっちり準備と練習をして、質問にも備えておくことができますが、面接の進行は完全にランダム。進行の主導権がこちらにありません。だからわたしは面接が苦手です。自分で進行していけないというのは、本当にもどかしく感じてしまいます。

でも、最低１回は面接を経ないとどんな仕事にも就くことはできませんし、たいていは２回以上の面接があるものです。だったら攻略法を考えなくては。面接が決まった時点で、次に挙げる点をクリアしておいてください。

・目標をはっきりさせる
・一番伝えたいメッセージを用意する
・面接の予習をする
・自信を表に出す

この４項目のいいところは、フレキシブルに当てはめられることです。ＮＰＯのインターンシップでも、学費を稼ぐためのアルバイトでも、あるいは大企業内で異動や昇進をするための面接でも、この４つを備えておけば自分をしっかりと出すことができます。それに、面接に限らないことですが、人生の分岐点にはぜひ主体的に関わってほしいのです。面接の進行と結果をコントロールするわけにはいきませんが、面接の場でどのように振る舞うか、そして、面接のあとにどんな気持ちになるか、それは自分しだいで決めることができます。

目標をはっきりさせる

スタートの時点で、目指すゴールを頭に入れておきましょう。この面接を終えて帰路につくとき、どんな気持ちでいたいでしょうか。「これで仕事は確実に決まった」と感じていたいのは当然ですが、もう少し具体的に、もう少し深く、思い浮かべてみましょう。

「わたしは面接を終えて、建物を出て、タクシー乗り場か地下鉄の駅に向かって歩いているところ。思わず道で踊り出しそうな気分！　ミュージカル映画みたいにタップダンスして、ワルツを踊って、最後にくるっと回って観客におじぎをして。そのままのリズムでタクシーの座席にすべり込みながら、心は満足でいっぱい。何しろ、たった今、人生で一番納得のいく面接をしてきたんだから！」

こんな気分で帰るためには、そもそもこの面接の真の目標が何なのか、最初に考えておきましょう。仕事が決まるかどうかが「真の目標」ではありません。なぜなら、面接に合格して就職したとしても、入ってみたら希望と違うということもありえるのですから。たとえ思うようにいかなくても、たとえ合格しなくても、その面接が自分自身について学ぶ貴重な機会だと考えてください。

目標は、「わたしはベストを尽くした。自分自身と、自分のスキルを思うぞんぶん表現できた」と思える面接にすること。その「ベスト」が、会社が求めるものと一致しているのであれば、仕事は決まります。そうでないとしたら、それまで探しつづければいいだけのことです。

一番伝えたいメッセージを用意する

先ほど言ったように、面接がもどかしい理由は自分で進行できないからです。主導権を握るのはあくまで面接官。質問をするのも、採用を決めるのも、向こうです。

その事実は変えられませんが、でも、この面接はあ、な、た、の、ための面接なのです。向こうだってあなたのことを知りたがっているのです。アピールできることはたくさんあるではありませんか。

> 歌が好き。スキーも得意。フェレットを飼ってる。あと料理が大好き！

> そういう自己紹介は入社後の挨拶にとっておきましょ。

まずはあなたを表現する言葉やフレーズを決めましょう。神話４で確認した３つのキーワードと、それを盛り込んだストーリーを思い出してください。将来の上司に伝えたいストーリーを、ここで披露します。次に挙げるポイントを含めるようにしてください。

・わたしは人をまとめる力があります

ほとんどの企業が、率先して先頭に立つ力を重視します。何かのリーダーになった経験や、これからもそうした役割を担えるという根拠を、できるだけ具体的に示しましょう。未経験者として面接を受ける場合でも、言われたことをするだけの人材ではない、とわかってもらうようにします。

・わたしはやることはやります

「結果重視」というのは、「いいからやることをやれ」をやわらかく表現した言葉だと思ってください。どんな作業もきちんと結果を出します、と伝えなければなりません。根拠となる例を説明するときは、必ず何らかの数値で表現すること。管理職の人間は数字が好きなものです――たとえ、その数字の意味を厳密には理解していないとしても。

・わたしは仕事に人生を捧げます

ワークライフバランスを犠牲にするとか、人生を捨てるとか、そんな意味ではありません（昔ならそんな宣言は美談だったかもしれませんが）。ここで伝えるべきは、締切の厳しいプロジェクトをやりとげた経験や、他人の業務を手伝ったエピソードなど。「必要な苦労は嫌がりません」という意思表示です。

・わたしは人と一緒にうまくやっていきます

仕事をするならチームプレイができなければ。もちろん自分自身の功績を伝えなければなりませんが、それは周囲の助けがなければ実現しなかったことを忘れないようにしてください。面接官によっては、「わたしが」「わたしが」よりも、「わたしたちが」という言い方をするかどうか、その点に注目することもあります。

伝えたいメッセージをはっきりさせること。数字で裏づけること。自信を持って話すこと。ポジティブなエネルギーで、ベストな自分を見せること。

こうしたことは履歴書でもきちんと示すようにしましょう。功績や能力が事実としてきちんと盛り込まれていない場合は、書き直しをしてください。面接官に伝えるべき長所が経歴からはっきり浮かび上がってくるようにするのです。さまざまな情報をそこに集約させておきましょう。

面接の予習をする

次の点はあらかじめクリアしておきましょう。

１　一番伝えたいメッセージを自分でしっかり把握する。それを裏づける経験談を話せるようにする。

2面接官が聞きそうな質問を想定する。次ページから始まるリストを参考にしてください。
3事前にその会社について調べる。可能なら面接担当者のことも調べる。
①その会社について最近の記事がないか、ネットで検索する。
②会社のフェイスブック・ページをチェックする。「いいね」をクリックして、中の人が何を書いているかよく読んでおく。
③会社のウェブサイトを閲覧し、商品ラインアップ、会社として掲げるミッション、最近のプレスリリースなどを読んで勉強しておく。
④リンクトインで、その会社の社員がいないか調べる。もし見つかったら接点を作って質問をする。
4こちらから面接官にたずねる質問を準備しておく。具体的な仕事または会社に関する内容にすること。1回目の面接では、給料や福利厚生の質問は避けましょう。

胃が痛くなる気持ちはよくわかります。わたしも、30年間ビジネスの世界で生きてきた今でも、面接を受けるときは緊張してしまいます。

うまくやりたいし、仕事は欲しい。そう思うのは当然です。あんまり自分を追い詰めないでください。しっかり準備ができていればきっとうまくやれます。さっきも言ったように、面接はあなたのための機会なのです。そして、あなたのことを誰よりよくわかっているのは、あなたしかいませんよね。

自信を表に出す

自信とうぬぼれをごっちゃにしてはいけません。面接に必要なのは、きちんと胸を張った堂々とした態度です。面接までこぎつけたんですから、あなたには堂々とする資格があります。

でも、気をつけてください。面接を受けたからといって、就職が保証されたわけではありません。順番を待っている人の都合も考えず、アピールに時間をかける人もいますが、そういう自己中心的な人はかえって印象が悪くなったものでした。

自分だけのし上がろうとするのではなく、周囲とどのように接するか、たいていの面接官は見ているものなのです。面接官の役職によって態度を変えるのも好ましくありません。**誰からも「雇いたい」と思われるのが理想的です**（この点についてはあとでまた触れます）。

自信を表に出すための最善の方法は、しっかり準備をすること。よく聞かれる質問の答えを準備しておけば、経歴や経験を話しやすくなります。次のような質問について考えてみましょう。同じことを聞かれる保証はありませんが、答えを用意してあれば何かと有利です。

・これまでの人生でなしとげてきた一番の成果は？

「結婚したこと」「子どもを持ったこと」が答えなら、そう言ってかまいません。ただし、それに加えて仕事に関連する功績も話しましょう。

・これまでの人生で一番落胆したことは?

その出来事から何を学んだか説明するのも忘れずに。

・自分の長所は?

いくつか例を用意しておきましょう。

・改善すべきところ、もっと伸ばすべきところは?

「あなたの弱点は?」と聞かれたら、「何を改善しようとしているか」という質問だと考えてください。具体的に説明しましょう。

・なぜこの仕事に就きたいのですか?

明確に。

・なぜこの会社に就職したいのですか?

これも具体的に。

・転職したい理由は？

これは少し厄介な質問です。一般的には、「今の会社を辞めたいから」ではなく、「こちらの会社で、さらなる機会を追いかけたいから」ということを話したほうがよいでしょう。今の会社に不満があるとしても、悪口を言ってはいけません。

・3年後、5年後の自分はどうなっていると思いますか？

就職したい会社についてよく調べ、仕事を具体的に理解しているなら、それを含んだビジョンを答えるのが一番です。もしそうでないとしたら、「能力を伸ばしていきたい」「責任ある立場に就きたい」と言うのでもかまいません。

・他人と一緒にうまく仕事をした経験を挙げてください

自分にチームプレイの能力があり、優れたチームを率いるリーダーとしての能力もあることを伝えたいなら、この質問は絶好のチャンスです。仕事の経験がほとんどない場合は、大学やアルバイトの経験を説明するのもＯＫです。

・人と衝突したときは、どう対応しますか？

事実に基づいた解決策を見つける、人の意見をしっかり聞く……。そういうことを伝えるのが妥当な答えです。

・あなたを採用すべき理由は何だと思いますか？

自分のスキルと、この仕事で果たせる貢献を、はっきりとわかりやすくまとめましょう。根拠を示すのを忘れないでください。

面接官によっては、わざと複雑なシナリオを示して、解決策を考えさせることがあります。たいていは仕事の現場に関することです。ありきたりな答えではなく、あなたらしい対処方法を知りたがっています。緊張せず、ゆっくり考えましょう。基本的には正解も不正解もありません。複雑なシチュエーションでも考えを論理的に示すことが大事なのです。

面接官が１人ではなく、複数だった場合はどうしましょうか。わたしが最後に転職したときは、会議室で机を挟んだ向こうに６人の面接官がいて、それぞれが質問してきました。こういう場合も、焦らずに。答えながら、相手のボディランゲージを読みとるように意識しましょう。

いずれにせよ、絶対に忘れてはいけないことがあります。

面接は一方通行ではありません。双方向なのです。向こうが自分を選ぶのだという気持ちになるかもしれませんが、あなただって、自分に合った職場で働きたいではありませんか。あなたから会社についてたずねる質問も、ぜひ用意しておいてください。

重ねて言っておきますが、あなたのことをあなた以上に知っている人はいません。そのことをどうか忘れないでください。

鏡よ鏡……

・面接で一番不安なことは何？
・前回、面接を受けたときは、どうだった？
・そのときうまくいったことは？
・今回、変えたいことは？

胸を張れる明日のために　その1の3

鏡の前のイメージトレーニングで気分を高めましょう。
変だなんて思わないで。このトレーニングで効果がなかったら、そっちのほうがよっぽど奇妙です！

面接前のイメージトレーニング

今日はいよいよ面接の日。面接官は会社の〝門番〟ですから、うまく通過すれば、この仕事はあなたのものになります。

準備はしっかりできています。身だしなみもパーフェクト。服の選択もばっちりで、誰とだって自信を持って向き合えます。余裕を持って家を出たから、急ぐ必要もないし、遅刻する心配もありません。履歴書もちゃんと持っています。質問への回答も考えました。あなた自身について、ぜひ伝えたいメッセージも、３つ確認済み。

・仕事に対する責任感があること

・やることはやる人間であること
・チームプレイが得意であること

面接が終わったときには、この3つがきっと面接官の印象に残っているはずです。

握手も自信を持ってできるし、アイコンタクトの大切さもちゃんとわかっています。

会社についてずいぶん下調べをしたので、こちらから聞くべき質問も用意してあります。

あなたはこの仕事にぴったりの人材です。だから、大丈夫！

Myth 7

とにかく何でもいいから喋ったほうがいい……という嘘

面接はプレッシャーを受けるもの。

プレッシャーを感じると、不安になるもの。

そして不安になると、人はだらだら長話をしがちです。

喋りすぎても害はないと思うかもしれないけれど、それで得をするわけでもありません。

口はわざわいの元

口に出した言葉を撤回したくなった経験、あなたにもありますよね。

わたしも面接でそんな経験をしたことがあります。その面接は、食事とお酒もまじえて、わりとカジュアルな雰囲気だったのです。面接官が会話をスマートに盛り上げるのですが、彼はただお喋り上手だったわけではありませんでした。相手のキャリアに関することだけでなく、何を大事にしている人間なのか、さりげない会話の中で本質的なことを巧みに聞き出していくのです。わたしはそれに気づいたので、逆に自己アピールの機会にしようと考えました。というか、そうすべきだと思いました。

仕事に関係ない会話をしばらく交わして、その人が家族について質問をしてきました。結婚は？　子どもは？　「いません」とわたしは答えました。「犬が２匹だけです」。

そこでやめておけばよかったのです。

なのにわたしはぺらぺら喋りはじめてしまいました。「犬、大好きなんです。ワイマラナーっていう犬種なの。３代目なんですけど」。そこでジントニックを一口飲んで、目の前のステーキをつつきながら、まだ続けました。「２匹とも女の子で、ほんとにすごく賢くて。どこへでも連れて行くんです」。

面接官の男性は笑顔で、先を促すように見ています。

「だから車もワンコ仕様に改造したんです。どこでも一緒に行けるように」

面接官はうなずいています。

「でも、ちゃんと他人には気を遣いますよ。ワンコの匂いがダメって人も多いでしょ」

面接官は笑っていました。

ここで止めてもよかったのです。

でもわたしは、いわゆる親ばかタイプの愛犬家ではない、とわかってほしいと焦っていました。

「ペットに服を着せるなんて信じられない！　ああいうのってぞっとします！」

すると面接官は、「実は僕はかなりの愛犬家でね」と言うではありませんか。愛犬を溺愛しているというのです。彼の妻は裁縫の仕事をしていて、その妻が自分の服を手作りしながら、余った布で愛犬におそろいの服を作るのだ、と。

ペットに服を着せるどころか、おそろいの服を着る愛犬家ファミリーを相手に、「ぞっとする」と言ったなんて！　今思い出しても、それこそぞっとします！

そういうときは、できるだけ急いでその場を離れて、もう二度と会わないようにするしかないわね。

たしかにそうだけど。

でも、結果的にその人がわたしの上司になったのよね。

鏡よ鏡……

・緊張しているとき、ついやってしまう行動は？
・自分語りをしすぎる、と思った経験は？
・相手がこっちの知りたくもないことをぺらぺら話し出したら、どんな気持ちがする？

Myth 8

最初の仕事がキャリアを左右する……という嘘

最初に入った会社で人生のすべてが決まる、と思っていませんか。絶対に判断を間違えないように、会社と経営陣について徹底的に調べたかもしれませんね。でも、だからといって、その会社で働くリアルな毎日が理解できるわけではないのです。

心配する必要はありません――どんな選択でも、間違った選択などないのですから。

ランチのドリンクは間違えないで

フリトレーというスナック菓子メーカーのアシスタント・ブランド・マネジャーの面接を受けたとき、わたしは最大限の努力をしました。面接は8回まで進み、かなり手ごたえがありました。ところが残念なことに、その直後に不採用通知が。がっかりしましたが、もともと可能性の低いチャンスだったんだから、と感じていました。

それでわたしはインターファースト銀行の内定を受けて、クレジットアナリスト（訳注 与信分析官）

になりました。第一希望ではありませんでしたが、MBAを取ったばかりの身には素晴らしい仕事です。充実した研修を受けられましたし、インターファーストは銀行業界の中でも一流でした。収入も、MBAを取るまでの掛け持ち仕事を合わせた額と比べて、なんと倍になりました。年収2万6000ドルに、健康保険つき。わたしの父なんて、人生で一度もそんな年収を稼いだことはなかったと思います。使い切れないかも、という気がしていました。24歳ですごく出世しちゃった、と。でも、毎日その銀行に出勤し、融資申し込みの対応をしているうちに、じわじわと違和感を抱くようになりました。自分の仕事が大好きだとは思えなかったのです。それはどんなにたくさんのお金をもらっても、埋め合わせられるものではありませんでした。

ロシア語専攻だもの、もちろん右脳思考型だよね。

それなのに仕事は左脳型。不満に思うわけよね。

自分が本当にしたい仕事をしていないと悟ったら、どうすればいいでしょうか。特に、初めて正社員になった立場で、どうするべきなのでしょうか。

1 たとえ夢見た仕事ではなくても、ちゃんとした仕事に就けたことを、まずは喜ぶ面接で、会社が重視する資質を示して、ほかの候補者を抑えて採用されたのです。すごいことではありませんか。

2 WOW日記に、今の仕事について書き出してみる

キャリアアップに役立つことを、何か吸収していますか？　わたしの場合は銀行で得られた研修とサポートが本当に貴重でした。昇進の可能性も、そのために進むべき道も開かれていました。ＭＢＡで学んだ財務知識を実践の場で活かすこともできました。

仕事で得ているものを具体的に確認しておいたおかげで、次のキャリアアップの面接では、自分の能力と経験をはっきり伝えられたのです。

3 今の仕事に欠けているものを考える

さらなるキャリアアップを考えるにあたって、絶対に必要な作業です。リストアップして、優先順位をつけましょう。希望が１００％叶う仕事などないかもしれませんが、最重要の条件を満たした仕事を探すことはできます。

わたしの場合は、もっとクリエイティブで、予定調和でない仕事を望んでいました。というか、自分がそういうものを望んでいるなんて知らなかったのです――クリエイティブな要素が皆無で、完全に予定調和の仕事に就くまでは。銀行は昇進の道がはっきり決まっていて、とにかく勤続年数が大事。

でもわたしは実力重視でステップアップしていける働き方を求めていました。毎日、新しいことに出会えるという気持ちで、仕事に臨みたいと思っていました。

フリトレーの面接に失敗したのはほんとに残念だったよね。

4 次の仕事が決まるまでは、今の仕事を辞めない

これはとても大切なことです。神話33で詳しく説明します。

こんなふうに、最初の仕事がわたしの天職ではなかったと実感しはじめた頃、人生を変える電話を受けたのです。

自宅に電話をかけてきたその人は、1年前にわたしを不採用にした会社の人事部長でした。実はあのとき、わたしの評価はとても高かったらしいのです。8人の面接官のうち7人まではばっちりでした。ところが最後の重役の賛同が得られず。彼の一声でわたしの不採用が決まりました。

セレンディピティを自分で招く―― あなたにできること

わたしを不採用にした会社の人事部長が、いったいなぜ連絡してきたのでしょうか。話を聞くと、例の重役がフリトレーを退職し、残った7人の間で、やはりわたしを採用したかったという話がまと

まったのだそうです。

神話6で、**すべての面接官から「雇いたい」と思われることが大切**、と説明したのを思い出してください（77ページ）。もしわたしがトップの幹部だけに媚びていたら、今もきっと銀行で融資の審査をしていたことでしょう。フリトレーの面接官たちは、わたしのことを名前ではなく「ロシア語の学位を持っていて、最近サザンメソジスト大学でMBAを取得した子」として記憶していたらしく、大学に連絡してわたしを突き止めたというわけでした。ロシア語とMBAなんていう取り合わせの人物はほかにいなかったので、簡単に突き止められたようでした。

ともかく、わたしはまた一からフリトレーの面接を受けることとなりました。でも今回は、最初の銀行の業務とネクタイ販売のアルバイト経験だけでなく、2つめの銀行でクレジットアナリストとして働いた充実した1年について語ることができました。そして25歳の誕生日を迎える2週間前に、その後のキャリアの出発点となる職場で働きはじめることとなったのです。

初日は本当に緊張しました。入社できたのはいいものの、この会社が採用する人材は、ハーバードやノースウェスタンやスタンフォードといった大学でMBAを取った人ばかり。みんな優秀で頭脳明晰です。出身地もニューヨークやボストンやカリフォルニアで、わたしのようにイリノイ出身の子なんかいませんでした。

まずは建物1階のコンビニエンスストアに寄って、ダイエットコークを買いました。昼休みに外に出るヒマなんかないかも、と思ったのです。小さい書類かばんと、買ったばかりのランチとコークを抱えて、混んだエレベーターに乗り込みました。隣に立った大柄の男性が自分の降りる階のボタンを押し、それからわたしの抱えている荷物を見て、次にわたしを見て、「きみは？」とたずねてきました。

わたしは礼儀正しく、そして誇らしく、自分の名前と、入ることになった部署を説明しました。

すると男性は、まだわたしのダイエットコークを見ながら、「いいかい、ジェーン」と言うのです。「きみの記念すべき初出勤日に会えて光栄だ。だから一つ忠告をしよう。この会社で成功していきたいなら、これはとても大事な忠告だ。いいか、絶対に、何があっても、コークを持った姿を人に見られないこと」

扉が開き、男性は降りていきました。

エレベーターの中はしーんと静まり返っていました。次の階でみんな降りましたが、わたしの顔は間違いなく真っ赤だったと思います。とはいえ、まだピンと来ていなかったわたしに、一人の女性がこうささやきました。

「あのね、ここはフリトレーなの。ペプシコが親会社なのよ。コカ・コーラはうちの天敵でしょ」

あとからわかったのですが、あの大柄の男性は、販売・マーケティング部門のシニア・バイスプレジデントだったのです。わたしの上司の上司の上司の上司でした。あの一件のあと、14年後にフリトレーを退社する日まで、わたしは一度もコカ・コーラ製品を飲みませんでした！

リサーチは重要！

図書館てものがあったでしょ。

１９８４年にインターネットなんかなかったんだもの。

フリトレーがペプシコの子会社だと知らなかったなんて！　ダイエットコークを抱えたわたしは、敵の旗を振っている兵士と同じだったというわけです。親会社も知らずに入社するなんて、そんな怖ろしいことは、遠い昔だからありえたことでした。

今のあなたは、どうかそんなリスクを冒さないでください。

もちろん、あなたはかつてのわたしよりもずっと入念に準備をすることでしょう。最初の面接を受ける前に、たくさんのリサーチをするでしょう。会社について調べ、そこで働く人について調べ、ウェブサイトにアクセスして、商品や企業理念について学びます。会社について、メディアに出ている最新情報も把握し、ウェブサイトに載っているプレスリリースも読み、それ以外のことも手あたりしだいネットで調べます。主なライバル会社についてもきちんと理解しておきます。

こうしたことを頭に詰め込んだうえで、うまくスタートを切るために、６つのポイントを紹介しましょう。

1 熱意を示す

熱意は、初日も、それ以降も、あなたが仕事に活かせる最大のスキルの一つです。もちろん具体的な能力は大事ですが、面接で見せた「ベストを尽くします」という姿勢も、採用の決め手になったはず。ですから、その姿勢を実際に発揮しましょう。熱意を示せば、仲間もできますし、周囲の雰囲気が変わることもあります。熱意は伝染するのです。上司も、同僚となった人たちも、きっと気づいてくれます。

2 共に働く人について知る

人脈作りは初日から。早めに親交を深めれば、新しい環境にも早くなじめます。仲間だと思える人と一緒に働くのはうれしいものです。といってもプライベートに踏み込むのではなく、あくまで仕事上のつきあいとして理解を深めるようにしてください。相手のスキルや長所を知り、お手本にしていくのです。

3 助けを求める

社内の手続きや方針について質問したいとき、誰かの意見を聞きたいときは、ぜひ「助けてほしい」とお願いしましょう。それは弱みや欠点を見せることではありません。真剣な姿勢を伝えることなのです。伸びていくための基盤だと考えてください。さらに特典として、アドバイスやサポートを頼めば、相手と打ちとけて絆を築く手段になります。ほとんどの人は、自分の意見を聞かれるのが好きなものです。「あなたに敬意を払っています」というサインになり、結果的に、こちらの成功を支えてもらえるのです。

4 自信を持って

ＷＯＷ日記を活用してください。大きなことでも、小さなことでも、毎日の成果を書いていきましょう。うまくいったこと。ぜひまたやろうと思うこと。たとえば「上司の上司の顔をきちんと見分けた」でもいいでしょう。「新しいシャツにコーヒーをこぼさなかった」というささいなことでもかまいません。新しい環境では何かとストレスを感じるものですが、ポジティブな姿勢でいるための助けになります。毎日、その日を振り返って記録する作業を続けましょう。あっというまに「できたこと」が増えていき、きっと自分でもびっくりするはずです。うまくいかなかった日には、記録を見直して、それまでの成果を確認しましょう。これは本当に効果的な習慣です。入社当初だけでなく、キャリア全般を通じて貴重なツールとなっていきます。

5 ためらわず飛び込む

面接を終えたばかりなのですから、自分がどんな長所をアピールしたか覚えていますよね。それを発揮するチャンスをどんどん探しましょう。「入社直後はおとなしくしてないと」なんてことはありません。あなたの勤勉さ、率先力、あるいは巧みなチームプレイのスキルを見てもらうのです。面接で言ったことをさっそく行動で示していけば、会社は、あなたを採用したのは正解だったと確信します。

6 ステップアップを意識する

担当するプロジェクトの先を読んで行動しましょう。つねに向上心を持つことは、熱意と同じく、働くうえでの重要な資質です。会社もそれを重視します。分析のスキルがあるなら、市場トレンドを分析する業務を引き受けましょう。文章力があるのなら、指示がなくても、会社のブログに掲載する優れた文章を作成して提出してみましょう。

何より大切なのは、あなたらしくいること。それを念頭に置いて、この先のページも読み進めてください。

鏡よ鏡……

・新しいことを始めるとき、何が一番不安に感じる？
・何かを始めたばかりのときを思い出してみましょう。びくびくする気持ちを、どうやって振り払った？
・最大限にいい第一印象を与えるためには、どうすればいいと思う？

2

オフィスでの本領発揮

理　想　と　現　実、　涙　と　裏　切　り

あなたには素晴らしいところがたくさんあります。いろんな才能があります。それを周りの人に信じてもらうために、ぜひ実際に示していかなければ！あなたは職場で、どんな自分でいたいのでしょうか。どんなアプローチなら人から認められそうでしょうか。


「それって、『働く女』のキャラを演じたほうがいいってこと?」

「それとも、自分らしくいたほうがいいの?」

答えは決まってます。自分らしく、です。

ただし、多少の工夫は必要ということも忘れないで。

Myth 9

お人形さんから学ぶことなんかない……という嘘

どんなシチュエーションでも、しっかり目と心を開いていてください。予想もしていなかった誰か（もしくは何か）から学べることがあるからです。

バービーになる？　ブルドーザーになる？

「バービー人形にベリーショートの子もいたほうがいいと思うわ」
エレン・デジェネシス（女優）

社会人になると、自分にとって不本意なキャラを押しつけられることがあります。女性の立ち位置というものが固まっていて、可愛らしいバービー人形タイプか、強引に自己主張ばかりしてくるブルドーザー・タイプか、どちらかに決めつけられることもあります。

「バービーか、さもなければブルドーザーか」なんて、乱暴な分類ですよね。わたしたちのほとんどは、その真ん中あたりにいるのがふつうだと思います。

ところが職場では両極端の人、つまり本物のバービー・タイプやブルドーザー・タイプにも出会うのです。おいしいところはバービーが全部もっていく一方で、ブルドーザーがどんなことでも無理やり我を通してくるでしょう。さて、どうしましょうか。わたしたちもバービーかブルドーザーのどらかになったほうがいいのでしょうか。

まずはバービーのほうから考えてみましょう。

バービー・タイプ

バービー・タイプは、「パーフェクト」が服を着て歩いているようなものですよね。パーフェクトなヘアスタイル、パーフェクトなメイク、パーフェクトなプロポーション。もちろんファッションもばっちりで、口を開けば女の子らしいお喋りばかり。きれいなお家に住んでいて、車はきっとコンバーチブル。

彼氏のケンもパーフェクトよね。

ガチの草食系がタイプならね！

誰だってバービーが大好きです。ロングヘアをなびかせ、目をきらきらさせてモーションをかければ、男たちは逆らえません。セーターだってまるで濡れたTシャツみたいな感じで着こなすのですから。脳みそはないみたいだけど、別に必要でもないのでしょう。ほんとに幸運な生き方ですこと！

職場のバービーは愛想がよくて、おべっかも上手。おやじ転がしがうまいのです。でも、本当は自宅で藁人形に上司の名前を書くタイプだ、とあなたにはわかっています。真実を上司に言ってやりたいと思うでしょう。

「あの子は全部嘘っぱちですよ！　いいように転がされてるんですよ！　見え見えじゃないですか、何でわからないんです⁉」

もちろん上司はわかっています。でも、その状態が気持ちいいわけです。若くてかわいい女の子にちやほや持ち上げられる、というのが。上司にしてみれば、恋愛ごっこくらい別に害ではないし、という程度の認識なのです。

もちろん家に帰ればきれいで愛情深い奥さんがいます。それから3人の子どもと、2匹の犬と、1匹のイグアナ。休暇になれば楽しく家族旅行。奥さん以外の女性と人生を過ごすなんて考えてもいません。でも、ときめくことはなくなりました。帰宅した彼を迎える奥さんは、きっとミッキーマウス柄のスウェット姿。袖には赤ちゃんがまき散らした何かがべっとり。

わたしもディズニーのスウェット大好き。スウェットなら食べ過ぎたって問題ないし。

それが問題なんだってば。

そういうわけで上司は、バービーの色目がくれるちょっとしたときめきが気持ちいいのです。あなたがずっとバービーをやっていれば、もしかしたらイケメン上司とイイ関係になることだってあるでしょう。

でも、それは仕事の面では何もいいことはありません。少なくとも長期的な意味で、あなたのプラスにはならないのです。だからといって、バービーのすべてを否定することもありません――バービーの魅力のいくつかは、取り入れてみても損はないはずです。

1　しっかり目を見る

バービーは、いつも上司の目をまっすぐに見つめます。

色っぽく見つめればいいの？？

やめてよ、気持ち悪い！　真剣に聞いてますって態度が大事なの。

2 聞き上手になる

男たちがバービーに惚れるのは、うるさく自己主張せずに話を聞いてくれるから。「人の話を聞く」というのはとても大切なことなのですが、仕事を始めたばかりだと、その重要性を忘れがちです。大きな声で自分の意見ばかり通そうとする女性を思い浮かべてみてください。相手の話を聞いてさえいれば、声を張り上げる必要なんかないのかもしれません。

3 ポジティブな態度

この点はぜひバービーを見習わなくちゃ！　本当に大事なことなのです。ミスコンばりに笑顔を振りまく必要はありませんが、ついネガティブな態度をとってないか、自宅で振り返って考えてみてください。あなたの愛犬なら、あなたがピリピリしていても、しっぽを振ってくれるでしょう。でも上司は、そんなわけにはいきません。

もちろん、あなたは本職のバービーにはなりません。あくまで一つ二つ、いいと思える特徴を盗ませてもらうのがポイントなのです。

そういえばあんたも昔、ぶりっ子して媚び売ったことが何回かあったような。

あれはあれで、ちっとも後悔してませんわよ♥

ブルドーザー・タイプ

ブルドーザー・タイプは自分以外のすべてを踏みつぶしていきます。周囲にしてみれば我慢ならないタイプですが、そうやって何でも思い通りにするのです。

たまたま虫の居所が悪くて誰かに嫌な思いをさせてしまったなら、「今日はちょっとブルドーザーみたいだったね」と言われる程度かもしれません。でも、あらゆることで自分の力を振りかざそうとしていたら、それは本格的に「ブルドーザー女」です。女性にとってうれしいあだ名じゃありませんよね（もちろん男性だって同じです）。

ブルドーザー・タイプは見ればわかります。でも、彼女のことをブルドーザーだと決めつけて終わりにせず、２つの疑問を考えてみてください。

「最後に男と寝たのはいつ？」と「そんな度胸《タマ》のある男はだれ？」の２つかな。

彼女はいったいどうしてそんなふうにするのでしょう。そして、彼女から見習える資質はないでしょうか。

「どうしてそんなことをするのか」の理由は、もちろん、主導権を握りたいからです。バービー・タイプが魅力を振りまくことで主導権を持とうとするのに対し、ブルドーザー・タイプは相手を叩きのめして勝とうとします。

でも、そんな人とは誰も働きたくありません。ブルドーザー女は他人を自分のために働かせたいのですから、むしろ裏目に出ているのです。たしかに人を叩きのめして優位に立てば、それでいったんは得をするでしょう。でも、長い目で見たら？　人は尊敬できる相手と一緒に働きたがります。フェアな接し方を望むのです。

だとしたら、ブルドーザー女に見習えるところはあるでしょうか。

答えは「ない」です。

周囲を嫌な気持ちにさせなくても、自分の持つ力をしっかり発揮する方法は、いくらでもあります。このあとの章でもそういうテクニックをたくさん紹介していくので、ここでは大事な点だけ強調させてください。

あなたはあなたらしくいればいいのです。バービーをやるのは疲れますし（まつげをパタパタさせてぱちくり、なんて芸当は誰にでもできるもんじゃありませんし）、ブルドーザーでいれば孤立します。だから、もしどちらかのタイプに入り込みそうな自分に気づいたら、気をつけて引き戻してください。真ん中くらいのバランスのよい自分でいるのです。

どうすればバランスをとれるかわからなかったら、自分の「ブランド」を振り返って、どんな自分でいたいか確認しましょう。あなたはあなたです。いろんなことに興味を持っていて、ほかの人にはない才能があって、大好きな物事があるはず。ＷＯＷ日記を開いて、左の「鏡よ鏡……」の質問に答えてみましょう。バービーがまんまともらっているもの、ブルドーザーが強引にもぎとっているものと比べるのではなく、本当のあなたの姿を確かめるのです。

だいたい、バービーだろうがブルドーザーだろうが、型にはめられるなんてまっぴら。そうでしょう？

鏡よ鏡……

・自分の性格の一番の特徴は何？
・昔のトラウマのせいで、性格にしみついてしまっていることはある？
・尊敬する人の性格で、自分にもあったらなあ、と思う特徴は何？
・ああいう人にはなりたくない、と思う特徴は？
・どんな人と一緒に働きたい？
・どんな人に対してイライラする？

Myth 10

オフィスはドラマチックなほうがいい……という嘘

テレビの中はいつだってドラマチックな事件がいっぱい。悲劇も喜劇もサクセスストーリーも、観ていて楽しいですよね。でも、それは観るだけのものです。どうか勘違いしないで。

特に職場でわざわざ騒ぎを起こすのはおすすめしません。

お騒がせ社員の置き土産

「評判を築くのに20年、失うのは5分。それがわかっていれば行動は変わる」

ウォーレン・バフェット（投資家）

転職を決めたある女性の話です。わたしは彼女の上司だったので、面談をして、退職を希望する理由などをたずねました。

「次の会社に、わたしにとって大きなチャンスがあると思うんです。社風も合ってるように思います」

彼女はそう説明して、今までここで働けてたくさんのことを得てきました、と言ってくれました。機会をくださったことを感謝しています、とも。ですからわたしも、必要なら喜んで推薦状を書くと約束しました。彼女は優れた分析能力を持っていて、マーケティング部の水準を高める働きをしていたからです。今後も縁があればと思って、連絡先も交換しました。次の仕事での活躍を心から望んでいましたし、わたしのチームで果たしてくれた貢献に感謝していました。それに、狭い世界なのですから、きっといつかどこかで接点があると思っていました。

そう、世界は狭いのです——少なくとも彼女はそれを自覚すべきでした。

涙ながらに退職の意思を説明した彼女が、そのときどんな面倒を起こしていたか、わたしはまったく知りませんでした。彼女は周囲の数人に、自分の給料を赤裸々に話していました。彼女より勤続年数が長いのに、彼女より給料が低い人たちに、わざわざそのことを指摘したのです。あとからわかったのですが、彼女がそんなことをした理由は、「あんたたち、会社にちゃんと文句を言いなさいよ」と思っていたからでした。給料のことで会社に問題提起すべきだ、と周囲を焚きつけたのです。

なんでそんなこと煽るの？

世間知らずか、バカなのか、どっちかでしょ。

彼女は新たなキャリアへうきうきと旅立つにあたって——あの様子じゃ順風満帆なキャリアにはならないとわたしは思っていますが——わざわざトラブルの種をまいていきました。元同僚となる人たちに「ちゃんと評価されてないのかも」という不安を抱かせて、後始末もせずに去っていったのです。たった一人が正義感を振りかざしてドラマを演じたせいで、組織にどれほど悪影響が広がることか！事実を知りもせず適当なことを言ったり、怒りなど負の感情を抱かせるようなことをしたり、プライベートな事柄をおおっぴらに話したり……そんなふうに事を荒立てる必要があるでしょうか。

ましてや給料というのは秘密情報であり、個人に属するものです。社員と会社との間で、さまざまな条件に基づいて取り決められたものであって、他人と一概に比較はできません。特別な業務を担当する場合もあるでしょう。前の会社でもらっていた額を考慮に入れる場合もあるでしょう。

この女性の場合は、特殊なスキルが求められる職種の経験がありました。入社後に大きく能力を発揮するポテンシャルがあったので、採用されたのです。彼女のもらっていた額も、そうした経験を加味して決められたものでした。

俳優のマンディ・パティンキンの記事で、こんな名言を見つけたよ。「比較は暴力につながる」って。

「あんたはわたしより安いんだよ」なんて煽られたら、そりゃ暴力的な気持ちにもなるよね。

それに、ほかの人の給与体系について「こうするべき」などと言う権利はありません。それぞれにどんな経歴があるかなんて、わからないではありませんか。そもそも彼女は人の業績や昇給に関わる立場ではありませんでした。もっと言えば、彼女から余計なことを吹き込まれた社員は、ちゃんと仕事ぶりを評価されていましたし、ふさわしい昇給も受けていました。彼女は本当に無用な火種を投げ込んだだけだったのです。

セレンディピティを自分で招く——台無しにするのも自分しだい

こうした余計なお喋りのせいで、結局、何が起こったでしょうか。

彼女は自分で自分の評判を台無しにしました。狭い世界でこの先どんな接点があろうと、わたしがまた彼女を起用することは絶対にありません。推薦状も書きません。むしろ、わたしが推薦状を書かないことが、事実上「推薦できるような人ではない」というメッセージになるでしょう。彼女にとっては不幸なことだと思いますが、それは本人が招いた不幸です。

忘れないでください。世界はとっても狭いのです。自分の行動が自分の評判になります。評判は何より大切な資産です。不義理をはたらいた相手に、もう二度と会わなくてすむと思ったら大間違い。むしろ、きっと出会うときがやってきます！

その人、自分の行動の意味に気づいてたと思う？

思わない。でも、いずれ痛い目に遭って気づくことになるよ。

わたしの元部下だった女性は、職場でドラマを巻き起こしました。誰の役にも立たず、彼女の将来に傷をつけるだけのドラマです。あなたがそんな人物にならないように、負のドラマを作り出す傾向がないかどうか、簡単な心理テストでチェックしてみましょう。

あなたのドラマクイーン度テスト

質問　同期が昇進したら……
・飲みに誘ってお祝いをする　1点
・無視して、「取り消されればいいのに」と願う　2点
・「あの子は〝特別なスキル〟があるから」と周囲に匂わせる　3点

質問　上司があなたのプレゼンについて改善を求めてきたら……
・注意深くメモを取り、指摘は次のプレゼンに活かすと約束する　1点
・なぜそんなプレゼンになったか一つ一つ理由を説明する　2点

・涙を流し、「チームメンバーがちゃんと仕事してくれないんです」と訴える　3点

質問　コスト削減でウォーターサーバーが撤去され、水道水しか使えなくなったら……

・節約には小さなことが重要なんだ、と納得する　1点
・自分に支障のない場所で、撤去すれば同じ節約効果があるものを提案する　2点
・不満を表に出し、CEOを「ケチなオバサン」と呼ぶ　3点

質問　あなたが希望していたポジションに、新人の女の子が採用されたら……

・がっかりしながらも、その子を歓迎する　1点
・上司に面談を申し入れ、「どうしてわたしじゃないんですか」と聞く　2点
・「同じようなポジションになれないなら、今すぐ辞めます」と宣言する　3点

質問　近々リストラがあるらしい、という噂を聞いたら……

・リストラ対象になった場合に備えて、今の自分の能力をアピールできる履歴書を用意する　1点
・リストラについて知ってる人はいないか、社内中に聞きまわる　2点
・「重大な情報を聞いたんだけど」と伝えてまわる　3点

質問　営業部長が秘書とつきあってることに気づいたら……

・「わたしには関係ない。どっちも独身だし」　1点

・「ってことは、わたしが誘ったらこっちになびく可能性もあるかも」　2点

・2人の接触を監視する。タイミングを見計らって周囲にこっそり広める　3点

質問　眺めのいい個室オフィスが空いた。誰かがそこを使うポジションに昇進したらしいけれど、選考プロセスがオープンではなかった……

・気になるから人事部に問い合わせる　1点

・不満に思ってることが周囲にわかるようにする　2点

・あの上等なワーキングチェアを自分の椅子と交換しておく。欲しいものは何だって奪ったもん勝ちでしょ　3点

スコア合計：　　点

スコア判定

7点から10点

あなたは偏ったシチュエーションにも冷静に反応しています。偉い！　次の項に進んでください。

11点から16点

次の「鏡よ鏡……」を読んでから、ＷＯＷ日記を開いて、自分が選んだ反応について考えてみてください。過剰反応を抑える努力は、今からでも遅くありません。どうか落ち着いて。自分が好きになれない自分にはならないように。

17点以上

バカな行動はやめること！　あなたはムダな騒動を起こしてるだけで、それはキャリアにとってまったく役に立ちません。幸い、これは現実じゃなくてテストなのですから、ＷＯＷ日記を使って自分の気持ちを理解し、ドラマを巻き起こしたがる気持ちを摘み取っておきましょう。本当にみっともないまねをしてしまう前に。

だけどさ、例のあの子は、ほんとに〝特別なスキル〟で昇進してたよね？

そういうのは胸にしまっておきなさい。

鏡よ鏡……

・他人の良い知らせを聞いたら、どう反応する？
・気に入らない知らせが耳に入ったら、どう反応する？
・正直なところ、ゴシップは好き？
・自分は他人からどう見られてる？
・自分は人から信用されて秘密を打ち明けてもらえる人間だと思う？
・秘密を守れるほう？　つい喋りたくなるタイプだとしたら、それはなぜ？

Myth 11

自分らしく自分のスタイルを貫くべき……という嘘

自分のスタイルを通しつつ、上司に気に入られるようにするというのは、すごく難しいことに思えるかもしれません。でも、これは「本当の」自分を通すチャンスだと思ってください。

ほかの誰でもないあなた自身の魅力を、本当の意味で伝える方法を考えるのです。

働くなら、自分を捨てなきゃいけないの？

「『ステップフォード・ワイフみたいな』という慣用表現の由来は、1972年の小説『ステップフォードの妻たち』（早川書房）から。基本的には侮蔑する意図で使う。小説では、コネチカット州にあるステップフォードという架空の街で、男たちが妻をロボット――夫のために完璧に仕えるようプログラムされている――に換えていく」

www.urbandictionary.com

これもわたし自身が実際に経験した話です。

何を言っても耳を貸してもらえず、発言を尊重してもらえなくて、もどかしさでいっぱいだった時期がありました。

「あのー、わたし、ここにいるんですけど！　アイデアもたくさんあるんですけど！　ちょっとでいいから聞いて！」

心の中はそんな気持ちでいっぱいでした。わたしがどれだけいい提案をしても、みんな右から左へ聞き流すくせに、誰か別な人が同じことを、ちょっと違う言い方で発言するだけで、やんやと歓迎されるのです。頭の良さを褒めたたえられるのは、もちろんわたしではなく、その人。

同じことを、違う言い方で。実はこれが大事なヒントでした。

ある日、何の前触れもなく、シニア・バイスプレジデントのオフィスに呼ばれました。威厳ありまくりの怖ろしいボスで、社内で相当な力を持っていた人です。背が高くて、ハンサムで、スーツの着こなしも完璧で、口を開けばいつも正統派のキングス・イングリッシュ。

どういう意味？

いちいち言葉が大げさで、ダースベイダーみたいな喋り方するってこと。

オフィスの椅子に座ったわたしは、いつも通りの自分を出すことにしました。偉い人に話すと思わずに、お掃除の人と会話を交わすつもりで、「週末は何をしてるんですか」とか、「ご家族はお元気ですか」とか言ってみました。それからペットの犬について、どうでもいい小ネタを披露しました。たわいもないことですが、それでなごんでもらおうと思ったのです。というより、自分の緊張をほぐすためだったかもしれません。

お掃除の人になら効果抜群のテクニック。でも、シニア・バイスプレジデントには通用しません。

ボスは深いバリトンの声で、「いいかい、ジェーン」と言いました。

「われわれは、きみには大きなポテンシャルがあると思っている。ぜひ能力を発揮してほしいと期待している」

わたしは胸が高鳴りました。ようやく評価してもらえたんだ、と思ったからです。ところがボスは首を横に振って、「だが、」と言葉を続けました。

「きみの頭脳や能力が周囲に伝わらないのは、きみのコミュニケーションスタイルが障壁になっているせいだ」

コミュニケーションスタイル？　わたしの？　誰かと勘違いしてるんじゃなくて？

ボスはさらに言葉を重ねます。

「いくつか改めない限り、ここできみの可能性が開花することはないだろうね」

いくつか改める？　頭が真っ白になっていました。自分のことを言われている気が全然しないのに、目の前のボスは明らかにわたしのほうを向いて喋っています。

「われわれとしては、ぜひきみの本当の力を出してほしい。そこできみの将来のために投資をしたいと思う。3日間のカウンセリング・セッションを受けてもらいたい。心理カウンセラーと一対一で話をすれば、きちんと場の空気を読めるようになる」

空気を読めるようになる？　本当にそれをわたしに言ってるの？

こういう場面はいいテストなのかもしれません。金切り声で反論したくなる自分を抑えられるかどうか、試されているというわけです。

そしてテストはもう一つ。頭を忙しく回転させて状況を理解しつつ、顔は冷静なままでいられるかどうか、試されているのです。

会社はわたしに「ステップフォード・ワイフみたいになれ」と言っていました。それに対してわたしは、取り乱すことなく、礼儀正しい返事をしていられました。何より重要だったのは、泣き出さなかったこと。自分らしさを捨てろと言われたんですから、泣かなかったのはすごく偉かったんじゃないかと今でも思っています。

面談が終わってからも、問題を論理的に考えることができました。まだクビになったわけじゃない。それはプラスの点です。カウンセリングとはいえ、会社はわたしの研修に大金を負担する価値があると思っている。それもプラスの点です。

経費でフロリダに行けたじゃない！

ホテルの部屋に閉じこもって、カウンセラーと一対一で、頭の中を改造されるためのバケーションだけどね。

一連の出来事はすごくショックでしたし、正直に言うと震えあがっていたのですが、わたしは何とか、自分らしさが通用しない理由を理解しようと思いました。ボスが言ったことがまったくの的外れだったわけではありません。たしかに、自分が期待するほど、自分の能力を示せてはいませんでした。会議に出てもろくに意見を聞いてもらえませんでした。

でも、だからといって、わたしは自分らしさを捨ててロボットになるべきだったのでしょうか。答えはＮＯです。わたしだけじゃなくて、あなただって、そんなことをする必要はありません。わたしに必要だったのは、その場の雰囲気、話のペース、話を主導している人に気を配ろうとする努力でした。能力を発揮したいなら、その場のリーダーが誰なのかちゃんと把握して、自分のコミュニケーションスタイルを柔軟に適応させるべきだったのです。それは「自分を捨てる」という意味ではありません。自分の態度が他人の目にどう見えるか考える、ということなのです。

こんなふうに考えてみてください――ボスがドイツ語を話しているのに、わたしはずっとフランス語を話しているとします。フランス語を押し通そうとすれば、ボスがわたしの適性に疑問を持つのは当然です。きちんと意見を伝えるために、わたしはドイツ語を学ぶ必要があるのです。

だとすれば、上司と自分の言語が違っていることに、どうやって気づけばいいのでしょうか。

まず最初にすべきことは、自分自身の性格と、長所・短所を理解すること。わたしはこれを「自己観察（セルフ・アウェア）」と呼んでいます。得意なことは何か。苦手なことは何か。性格の一番の特徴は何か。そして自分が話す相手についても、同じことを考えてみます。

わかりやすくするために、コンサルタントのロバート・ボルトンとドロシー・ボルトンが開発したツールを紹介しましょう*。「どんな話し方をするか」と「どんな聞き方をするか」という2つのポイントを軸にして、性格を4タイプに整理するというものです。

*ロバート・ボルトン／ドロシー・ボルトン『対人能力を伸ばせ　人を動かし、自分を活かす技術』（上野一郎監訳　宮城まり子訳、産業能率大学出版部、1985年）

この表は、わたしが例のカウンセリング・セッションを受けたときに、心理カウンセラーの先生から教えてもらったものです。どうやって自分の意見を言えばいいのか学習するヒントになります。

それでは、4タイプそれぞれの解説と、使うべき「コミュニケーションスタイル」を見てみましょう。

ぐいぐいタイプ

ぐいぐいタイプは傲慢で冷酷だと見られることもあります。はっきりしていて、決して主観的にならないのは長所ですが、ひどく高圧的になることもあるでしょう。わたしの経験から言って、アメリ

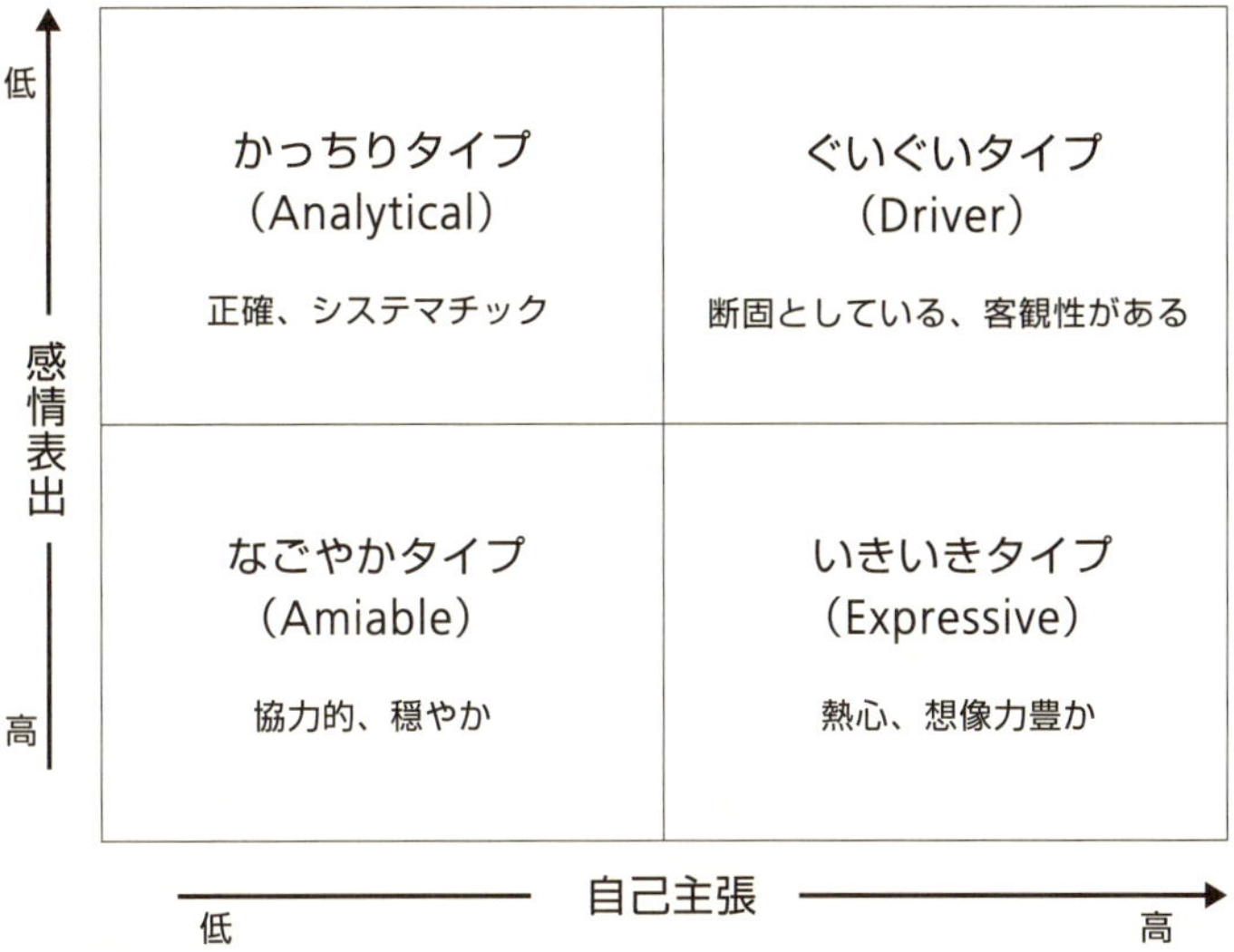

カの企業のトップにいるのは、たいていこういうスタイルで喋る人たちです。

ぐいぐいタイプと話すには：事実から話しはじめます。そして事実から話がそれないようにしましょう。こういうタイプの人は結果を求めています。歯に衣着せず、単刀直入な言い方を求めています。結論重視で、要点をすぐに知りたがります。

先ほどのエピソードで登場したダースベイダーのような上司は、まさにこのタイプでした。こちらが仕事に関係のないお喋りをしていると、耳を貸してはくれないのです。

ワンコの話はダメってことね。

質問されたら話してもいいんじゃない？
そんなこと絶対に質問されないけど。

いきいきタイプ

このタイプは一般的に熱意にあふれ、想像力も豊か。物事がうまくいっていて、指導をそれほど必要としない時期なら、こういうチアリーダータイプが素晴らしいボスになるでしょう。その一方で、熱意とポジティブなエネルギーで決断を押し通してしまう傾向があるので、こちらが「方向性を示してほしい、具体的に指示してほしい」と思っているときは、かえってこのスタイルが仇《あだ》になることがあります。

いきいきタイプと話すには：事実を伝えるときに、少し熱意を盛って話すようにしましょう。「わたしは真剣です」とわかってもらえるように。

かっちりタイプ

このタイプのボスは、厳密であること、きちんと整理されていることを重視します。事実の報告を受けるときも、その情報をどのように入手したか、詳しい説明を求めるかもしれません。どんなプロセスで、どんなふうに仮説を立てたのか、聞きたがるでしょう。ほかの3タイプより細かいところまでつついてきます。

かっちりタイプと話すには：かっちりタイプとの面談や会議に臨むときは、資料を全部そろえて行きましょう。細かすぎて必要なさそうな表計算シートやレポートまで、徹底的に掘り下げて評価の対象にしてくるかもしれません。それを個人攻撃と受け止めないこと！ 信頼してないからではないのです。かっちりタイプは細かいデータが大好物。それなら好物をお腹いっぱい食べてもらいましょう。

なごやかタイプ

いつでも協力的で、とてもおだやか。誰だってこんな人のもとで働きたいですよね。こちらが何か提案すれば、そのアイデアをうまく補強してくれますし、仕事ぶりを称賛してくれます。なごやかタイプと話すのは本当に気分がいいものです。

でも、注意してください。それは表面的な賛辞かもしれません。真の評価はしてもらえていないのかもしれません。こういうタイプは厳しい判断を下すのが苦手で、優柔不断になることがあります。それは決してこちらにとって得になることではないのです。

なごやかタイプと話すには：攻撃的で強すぎるアプローチは喜ばれません。事実を説明するときは協調性のあるやり方で。なごやかタイプが言うコメントを踏まえて、こちらの話を進めるようにしてください。「理解しました」と示すのです。

「わかりました」のしるしに愛情深くハグするのはどう？　なごやかタイプなら、心が通じるかも。

そもそも会社で高いポジションにつくような人に、なごやかタイプはあんまりいないよ。

ボスになる人の多くは、たいてい2つ以上のタイプを兼ね備えています。たとえばわたしは「いきいきタイプ＋ぐいぐいタイプ」です。エネルギッシュで陽気なくせに、結果もしっかり求めるので、周りの人を困惑させているかもしれません。わたしを「いきいきタイプ」だけだと判断する人は、たいてい事実よりも形式のことばかり伝えようとしてしまいます。

相手がどのタイプであっても、ビジネスの世界のコミュニケーションでは、共通する大事なポイントがあります。それは「つねに事実を踏まえて話すこと」。事実はあなたの味方です。正確な情報があれば足元はぐらつきませんし、あなたがしっかり準備をしていることも、そのビジネスの知識があることも伝わります。

やっぱりワンコの話でもいい？

事実だったら何でもいいってわけじゃないんだよ。

セレンディピティを自分で招く――あなたにできること

空気を読むためのカウンセリング・セッションを受けたわたしは、結局どうなったでしょうか。

わたしが最初にやったのは、見た目から変わろうとしたことでした。髪をひっつめにして、だてメガネをして。生まれ変わったわたしを見てもらおうと、自信たっぷりに出社しました。こんなスタイルなら意見を聞いてもらえると思って。

反応は……先輩３人の大爆笑でした！「たしかに前と違うのはわかるけど！」と、声をそろえて大笑い。

そういうわけで、格好から入る作戦は却下。でもあの一件以来、上司とのコミュニケーションはたしかに大きく変わりました。わたしは相手の言うことや言い方を注意深く聞き、それに合わせて反応するようになりました。するとあからさますぎるくらいがらりと変化して、話を聞いてもらえるようになったのです。きっとあなたにも効果があります。

鏡よ鏡……

・自分の性格は４タイプのどれに当てはまる？

・他人からどんなふうに接してもらいたい？
会話のきっかけとして、たわいのないお喋りは必要だと思う？
それともストレートに詳細を説明するほうがいいと思う？

・どんなタイプの人と話すときに、特に緊張する？
どんなタイプの人と話すときに、特にもどかしく感じる？
・自分のスタイルを柔軟に変えられる？

胸を張れる明日のために　その2の1

意見を聞いてもらえるようになるには

キャリアを進んでいくと、話を聞いてもらえない場面には何度もぶつかるものです。特に入社直後はそんなことだらけ。新人なので、まだそれほど意見を尊重してもらえていないのです。自分だけだと思わないでください——誰だって一度や二度は、そんなことを体験しています。

大切なのは、むしろ人の話をしっかり聞くこと。会議で上司が誰の意見を重視しているか観察しましょう。その人はどんなやり方で意見を伝えているでしょうか。どんな表現方法を使っているでしょうか。上手に主張している人の言い方と、うまく伝えられていない人の言い方を比べてみましょう。大きな違いは何でしょうか。

効果的なテクニックと、そうでないテクニック、それから自分の仕事に役立ちそうなヒントを、ＷＯＷ日記にメモしておきましょう。

Myth 12

社交的じゃなきゃ生き残れない……という嘘

「社交性遺伝子」の配給があったとき、あなた以外のみんなは列に2回並んで、人づきあいがうまい人間になる遺伝子を2倍もらったのかもしれません。あなたはきっと配給のお知らせを見逃していて、かわりに「まじめ遺伝子」と「賢い遺伝子」をもらってしまったのでしょう。

大丈夫。その2つだって、ちゃんとはたらいてくれる大事な遺伝子です。

（巨乳遺伝子をもらわなかったあなたも、心配しないで！）

飲みニケーションは必要？

あなたはどちらかというと引っ込み思案なほうでしょうか。オフィスで一日くたくたになったあと、みんなで近くのバーに行って騒ぐより、家に帰ってテレビでも観ていたいタイプ？　もしかしたら、アフター5に一緒にワインを飲みたい特別な人がいるのかもしれませんね。ランニングとかヨガのクラスとか、自分だけの予定があるのかもしれません。

仕事が終わったあとの過ごし方は人それぞれ。でも、同僚からの誘いに加わろうと思わないあなたはコミュ障なのでしょうか。「人と打ちとけない性格」？　「お高くとまってる」？

そんなこと言われる筋合いないわよ！　仕事中の人づきあいはちゃんとしてるじゃない。

だったら、ちょっと飲みにつきあうくらい、面倒がらなくたっていいじゃん。

まず最初に言っておきたいのは、あなたはあなたでいいということです。大人数でわいわい集まるのが苦手なら、飲み会に参加するのは楽しくないですよね――あなたにとっても、周囲の人にとっても。プライベートが充実していて、毎日ほかの用事があるのだとすれば、それはとてもいいことです。「仕事が自分のすべて」になっていないというのは、あなたにとっても会社にとっても健全だからです。

無理なことはする必要はありません。でも、考えておきたいポイントもあります。人は誰でも、信頼できる相手、尊敬できる相手と一緒に働きたいと思うものです。もちろんオフィスの中で信頼と尊敬を得ていけばいいのですが、オフィスの外で交流して、相手について少しばかり理解を深められるなら、それは職場での良好な人間関係の後押しになります。

では、それを自分にとって無理のない方法でやるためには、どうすればいいでしょうか。

まずは考えてみます――あなたがもっとよく知ってみたいと思う人は誰でしょうか。どのグループになら加わってみたいでしょうか。いつもと違う場面で会ってみたら上司の良いところがわかるかもしれません。あの部署の仕事について話を聞いてみたいな、と思う人はいませんか。

セレンディピティを自分で招く――あなたにできること

前の章でも説明しましたが、わたしはダラスにあるフリトレーに転職し、その後に夫のマイケルが起業するタイミングで、フリトレーの関連会社であるニューヨークのペプシに移ることになりました。

フリトレーでマーケティングに携わっていた4年間では大きな成果を出せましたし、順調に評価され昇進していきました。ですからペプシに移った時点で、きっといい評判が伝わっていると思っていたのです。大歓迎してもらえるんじゃないかな、と。

ところが実際にはそうでもありませんでした。当時は知らなかったのですが、フリトレーで幹部になった若い人材はどんどん親会社に送られることになっていました。そして誰もがやりたがるポジションに昇進していきます。ですから、ずっとペプシで勤めてきている人たちは、フリトレー社員がぽんっと入ってくるのをおもしろく思っていなかったのです。大歓迎どころか、とても冷たい扱いでした。わたしは委縮してしまい、「どうやってなじんだらいいんだろう」と悩みました。そこであることを思いついたのです。

オフィスの外で交流して、わたしのことを少しでも知ってもらえれば、わたしが出世欲にまみれたタイプじゃないとわかってもらえるんじゃないだろうか。

イリノイ州出身で、大学ではロシア語専攻で、夫のキャリアを支えるためにニューヨークに引っ越してきた悪意のない女性社員ということなら、警戒される要素もありません。

そういうわけでわたしは、影響力を持っていそうな人と打ちとける努力をしてみました。わたしが敵ではなくて仲間として働くつもりなんだ、ということを、一人ずつ伝えていったのです。簡単だったとは言いませんが、効果はありました。

正確に思い出してよね。うまくいかなかったこともあったじゃん。

完全な孤立からは抜け出せたんだから、それで充分。

先ほど、あなたがよく知ってみたい人をリストアップしましたよね。どんな場面ならその人について理解を深められそうか、考えてみましょう（そうです、これも人脈作りです）。食堂でコーヒーを一緒に飲むとか、ランチに誘ってみる程度なら、そんなにハードルは高くありません。勤務時間内に収まるので、他人のプライベートな時間に踏み込むことにもなりませんね。ほかの人だって、会社帰りに同僚と飲んだりする以外に、やりたいことはいろいろあるはずだからです。

実際に誘ってみるときは、どういう意図で声をかけているのか、きちんと相手に伝わるようにしましょう。

・業務内容について教えてほしいと思っている。
・会社の習慣について理解したいと思っていて、その人ならきっといいアドバイスをくれると思っている。
・純粋に、その人のことをよく知りたいと思っている。

約束をとりつけられたら、必ず準備をして臨んでください。一緒にコーヒーを飲むだけだとしても、こちらから誘ったのですから、会話のきっかけになる質問をいくつか頭に入れていくのです。相手が上司や、他部署の責任者だとしたら、まるで面接みたいだと感じるかもしれませんが、実際にそうなのです。

相手について理解を深めることが目的だとしても、これがある意味で「仕事」だというのは変わりありません。混乱するかもしれませんね——仕事以外で交流を深めようとしているのに、これが仕事だなんて。でも、特に新しい職場に入ったばかりのときは、**「人について知る・自分のことを知ってもらう」**というのは**「仕事を覚える」**の一部だと心得てください。

相手も最初は、職場における役割でしか、こちらのことを見ていません。もっと具体的にどんな性格で、どんな生活をしているか多少なりと知ってもらって、業務を円滑に進めやすくするのが狙いなのです。

とはいえ、これはデートではありません。何でもかんでも話せばいいというわけでもありません。

最近セックスがマンネリで、縛られるのもいいかなって思ったり……っていう話は、やめておいたほうがいいかな？

そうね。相手が手品師で、縄抜けのアシスタントを探してるなら別だけど。

目標は、この交流を通じて、こちらに好印象を持ってもらうこと。好印象があれば職場でのやりとりもスムーズになりますし、陰で悪口を言われたりしません。

コーヒーやランチじゃなく、お酒を飲みに誘ってみるのも、もちろんいいと思います。ただし、アルコールが裏目に出ることがあるので気をつけて。計画以上に喋りすぎたり、予定以上に見せすぎたりしてしまうかもしれません。場合によっては、アフター5に大勢でわいわい飲みに行くのが最善の道ということだってあるのです。大人数なら注目の中心にならないので、ただ観察しているだけで、たくさんの情報が得られます。どんな職場でも（それを言うなら、生活の中のどんな場面でも）自分が喋りまくるより相手の話を聞くことに集中したほうがいい、というのが鉄則です。

では、誰かとオフィスの外で会うのはどうしても気が進まない場合は、どうしたらいいでしょうか。苦手なことをすることはありません。あなたの心の中にきっちりした境界線があって、「仕事のつきあいは職場だけ」という声が聞こえるなら、その気持ちを尊重しましょう。その場合でも実践できる作戦があります。勤務時間内にアポをとって、取り組んでいるプロジェクトについて相談や話し合いをするのです。アフター5に誘い出すというハードルの高いことをしなくても、相手について理解を深める手段になります。

結局のところ、職場でのコミュニケーションのポイントは一つです——自分にとって無理のないようにすること。他人の基準に合わせる必要はありません。

鏡よ鏡……

・自分らしさを出しやすい場所や状況はどんなところ？
・自分のプライベートについて、どの程度まで人に知ってほしい？
・同僚のプライベートについて、どの程度まで知りたい？

Myth 13

女の子だもん、泣いたって大丈夫……という嘘

自分の気持ちに嘘をつきたくはないですよね。
職場でだって、悲しいときは悲しいですよね。
もちろん心の中でどんな気持ちになるのも自由です。
だからといって、気持ちがダダ漏れでいいってわけでもありません。

マスカラ、落ちてる？

「にじんだ口紅は、Tシャツの首回りがへたってるのと同じ。マスカラが流れてるのは、袖がぼろぼろにほつれてるのと同じ。どんなに上品でセクシーで魅力的にしてたって、顔がアライグマじゃ、ただの不細工か、そうでなきゃ精神的にキテると思われるだけです」

『オプラ・マガジン』ウェブサイト「ヴァレリーに聞くファッションポイント」コーナーより

職場で泣きたくなることもあります。もともとの性格にもよりますが、しょっちゅう泣いてしまう

人もいるでしょう。でも、そういうとき他人にどう思われているか、わかりますよね――あなたはそう思われていることに気づいているし、周囲もあなたが気づいていることに気づくでしょうけれど、それでもやっぱりこう思われてしまうのです。

あー、毎月のあれの日ね。

もちろん、そういう問題じゃありません。批判されるのが悔しくて、しっかりやれない自分がもどかしくて、間違っていると言われるのが情けなくて、わたしたちは泣くのです。どんなに親切にオブラートにくるんだとしたって、批判は批判。自分のことを批判されるのは、やっぱりたまらないものです。

職場で泣いてしまう気持ちはよくわかります。わたし自身、社会人になって最初の15年くらいは、認めたくないくらいたくさん泣きました。どうやらわたしは「繊細な人間」みたいです――はっきり言えば「感情の波が激しい」ということですが。

良いことでもすぐ泣きます。コマーシャルにけなげな子犬が出てたとか、そんな程度で涙腺決壊。これまで仕事中に子犬のコマーシャルを見る経験がなかったのは幸いでした。

そんな具合ですから､悪いことがあれば当然のように涙が浮かんできてしまいます｡否定的なフィードバックを受ければ泣きたくなるものです。フリトレー時代に、自分のキャリアが邪魔されているのを上司に訴えようとして、上司に「面倒なことを言うな」と言われたとき、わたしはその言葉を否定と受け止めました。もちろん、目には涙が。

でも、浮かんできた涙をぼろぼろこぼすのは、事態を悪化させるだけ。上司はすでに、わたしが面倒を押しつけているという、言いにくいメッセージを口に出したのです。そこへ涙を見せれば、ますます話しづらくなるでしょう。上司は、かわいそうなジェーンに同情するのではなく、うんざりしていたに決まっています。むしろわたし自身、感情を抑えられない自分にうんざりしました。この後の章でも話していくつもりですが、否定的なフィードバックは贈り物なのです。

涙は武器ではありません。作戦として使えるものではないのです。新人の警察官にスピード違反の切符を切られそうになったとき、ちょっと涙を見せるのはもしかしたら有効なのかもしれませんが、それはまた別の問題。上司に対して使おうとしてはいけません。

では、泣くかわりにどうすればいいでしょうか。

・受け入れる

ミスをしたのなら、自分が間違っていたと認めます。そう認めるだけの冷静な自己観察力があれば、どこが間違っていたか上司に指摘されても、衝撃を受けたりしません。

・気持ちを逃がす

人と会う予定がある日に、どうしても気持ちがいっぱいいっぱいになってしまっていたら、スケジュールを変更しましょう。泣き出しそうな場面に出向くのは避けたほうが無難です。

自分の都合でリスケできないなら、ジョギングをするか、散歩をするか、あるいはホットヨガをするなど、先に少し身体を動かしておくこと。運動は頭をすっきりさせてくれます。外を歩くだけでも、大きな効果があります。気持ちが高ぶってしまう環境を抜け出し、外に出て、新鮮な空気を吸ってきましょう。

・ミスを修復する

ミスを叩かれて泣きたくなったなら、解決のために自分から行動します。あなたが自分の失敗を理解して、修正に努めているということを、上司に見せるのです。事実関係に集中するよう心がけてください。そうすれば自分の気持ちを切り離すことができます。解決策が見つからなかったら、素直に助けを求めましょう。同じ失敗を繰り返さないためにもそうすべきです。

だけど、涙が出てきて止まらなくて、どうしようもないこともあるでしょ？

もちろん。人間なのですから。

あなたがすべきことは、流れたマスカラを拭いて、鼻をかんで、それから背筋を伸ばすこと。何でもないというふりをしてください。仕事が終わってから親友にぶちまけて、上司の首にひもをかけてやる場面とか、上司が会議室ですっぱだかになって大笑いされてる場面とか、想像の中で盛大に仕返ししておけばいいのです。

鏡よ鏡……

- 職場で泣いた経験は？
- そのとき、どう対処した？
- その涙に対して、周囲はどんな反応をした？
- 目の前で誰かに泣かれたことはある？
- そのとき、どんな気持ちだった？
- 泣きそうになったとき、何があれば抑えられる？

胸を張れる明日のために　その2の2

泣かないためのコツ

何かのきっかけで涙がぼろぼろ出てきてしまうのは、たいていの場合は避けられないものだと思います。「あ、来る」という感じがあって、その場から走って逃げ出せないときは、どうしたらいいでしょうか。

そういうときはすぐに、何にも関係ないこと、感情がまったく動かないことを思い浮かべてください。その瞬間の心の動揺から自分を切り離すのです。いくつか例を挙げておきます。

・今日の買い物リストを思い出す。パンと、牛乳と、鶏肉と、洗濯洗剤と……。
・大好きな商品の成分を考える。お気に入りの野菜ジュースの中身はトマト、ニンジン、セロリ、ビーツ、パセリ……。
・日曜に観たアメフトの試合中継を思い出す。最後のゴールを決めたのは……。

心の中でこういう映像を何度も繰り返してください。その場はそれでやり過ごして、別なところで泣きましょう。

Myth 14

自分の仕事は自分がよくわかってる……という嘘

仕事ではいろいろなシチュエーションに出くわします。あとから回想していると、実際にあった出来事より、少し盛って思い出してしまうこともあると思います。何が言いたいかというと……この章で紹介するエピソードについて、わたしの記憶は多少誇張されているかもしれません。でも、言いたいことが伝われば、と思います。

わたしのアキレス腱はどこ？

上　司「きみの直属の部下には、彼を起用するのがいいんじゃないかな。完璧じゃないか。条件をすべて満たしている」

わたし「いえ、そうは思いません。このポジションには現地の人を置いたほうがいいと思うんです。わたしに足りないスキルを持つ人が必要ですから」

上　司「きみと会社にとって何が必要かはわかってるよ。彼を選ぶのがいいだろうね」

わたし「ご意見は尊重しますが、ちょっと考えさせてください。あとでお返事します」

上　司「いいとも。決めるのはきみだ」

短くて、別に害もなさそうな会話ですよね。でも、わたしはこのときのことを思い出すと、今でもぞっとします。わたしのキャリアの中でも最悪と言える結果につながったからです。

実は、この一連の会話には、ありとあらゆる地雷が隠れていました。あなたが同じ地雷を踏まないよう、ぜひ説明しておきたいのですが、これはわたし個人の重大な欠点を披露するエピソードでもあります。わたしの弱点、アキレス腱と言ってもいいかもしれません。

ギリシャ神話に出てくるアキレスの話は知っていますか？　トロイア戦争で大活躍をした勇敢な戦士です。母である女神テティスは息子を無敵にするために、赤ん坊だったアキレスの身体を不死の川に浸しました。でも、かかとを握って身体を沈めたので、そこだけが水に触れず、アキレスの弱点になったのです。最終的にアキレスはかかとを射抜かれて命を落とすことになりました。

ウィークポイントは誰にでもあります。大事なのは、そのウィークポイントで自滅しないことです。わたしのウィークポイントは、上から命令されるとつい反発心を抱いてしまうこと。といっても、いつでも反抗するわけではありません――わたしが正しいときだけです。

でも、いつでも自分が正しいって思ってない？

そう、それが問題。

自分のアキレス腱があらわになりそうでも、たいていは先に気づけるのです。でも、あの一件のとき、わたしはあまりにも鈍感でした。何が問題だったのか、映像を巻き戻して一緒に考えてみましょう。

上　司「きみの直属の部下には、彼を起用するのがいいんじゃないかな。完璧じゃないか。条件をすべて満たしている」

「じゃないかな」に注目。やんわりした言葉に聞こえます。「きみが決めていいことだけれど」と言っているように思えますよね。でも、これは明らかに、提案ではありません。命令なのです。それなのにわたしのアキレス腱が、こう返事をしました。

わたし（のアキレス腱）「このポジションには現地の人を置いたほうがいいと思うんです。わたしに足りないスキルを持つ人が必要ですから」

このときのわたしは、ハインツという会社でイギリスおよびアイルランド事業部門のプレジデントを務めていました。上司というのはハインツＣＥＯです。

イギリスとアイルランドはハインツにとって2番目に大きな市場であり、売上15億ドルを担っていました。その部署を束ねるわたしは、自分がアメリカ人なので、右腕としてイギリスやアイルランド出身の人材がいたほうが助かると考えました。顧客対応の微妙なニュアンスや、こちらの文化ならではの状況で舵取りする方法も、地元の人ならわかるはずだからです。表面的には筋が通っていますよね。

ところが、この考え方の流れに問題がありました。つい最近まで、まさに同じポジションに現地の人がついていたのですが、その人の仕事ぶりが最悪。だから上司は、実力がわかっているアメリカ人社員を異動させたい、と考えていました。上司から見て信頼できる人材だったのです。上司にとっては、地域や文化に詳しいことよりも、信頼性のほうが重要でした。

続きを見てみましょう。

上　司「きみと会社にとって何が必要かはわかってる」

ここで映像を一旦停止。なぜわたしはこの場面で、「**そうですね、おっしゃる通りです。ご指示の通りにします**」と言えなかったんでしょうか。かわりに出てきた台詞はこうでした。

わたし（のアキレス腱）「ご意見は尊重しますが、ちょっと考えさせてください。あとでお返事します」

この台詞、違う意味で受け止められてたってこと？

あたりまえじゃん。わたしにだって何が悪いかわかるよ。


厳然たる事実として、決定事項を知らせるのはＣＥＯ「から」であって、部下からＣＥＯ「へ」ではありません。キャリアを進めていきたいと思うなら、絶対に忘れてはいけないルールです。

しかもそのあと、上司が「決めるのはきみだ」と言ったとき、わたしのアキレス腱は、その台詞の向こうでぴかぴか光るネオンサインに気づきませんでした。

「ボスのアドバイスは聞くこと！」と、ネオンサインには書いてあったはずなのです。

当時のわたしがそれをわきまえてさえいれば、その後は上司が全面的に味方になってくれて、きっと仕事がやりやすくなっていたでしょう。なのに頑固だったわたしは、自分で自分の首を締めたのです。

結局、上司はわたしに、アメリカ人の営業部員を部下にするよう命じました。


最初から「決めるのはきみ」じゃなかったわけね。

結果的には、そのアメリカ人男性は努力家で、能力も高く、最適な人選でした。わたしが求めたイギリス出身の人材ではなかったものの、見事に成果を出していました。最終的に彼が役員に昇進し、わたしはハインツを去っていくことになったのです。いえ、別に例のＣＥＯがわたしを解雇したわけではありません。わたしだって解雇されるほど無能だったわけではありませんから。でも、アキレス腱のせいで、信頼という大きな票を得られなかったのは事実でした。

CEOが側近にこう言っているのが聞こえるようです。

「親切な言い方をしてやったのに、彼女は指示を聞こうとしなかった。彼女を重大かつ注目の集まる役職に置いた場合、どんな間違った判断を下すだろうか。試してみる価値があるとは思えない」

こうしてわたしは降格。悪いことをした幼稚園児がタイムアウト（訳注 しばらくの間、部屋の隅などでじっとしていること）をとらされたのと同じです。わたしが粗相《そそう》をしたからだ、というのは誰からも一目瞭然でした。

そういうわけで、わたしが外された役職に別のイギリス人社員が就くことが決まった時点で、退職を決めました。結果的に一点だけはわたしが正しかったことが証明されました――「上司と部下を、イギリス人とアメリカ人という組み合わせにしたほうがいい」というのは、正解だったのです。でも、その組み合わせに起用されるアメリカ人はわたしではなかった、というわけでした。

ひどい話だよね。

フェアなやり方だったとは思えないよね。

もし時間を巻き戻せるとしたら――わたしは違うやり方をしていたでしょうか。

本読者はがきによる個人情報収集の目的は書籍企画と販売企画の参考にすることです。当社は個人情報を厳正に管理し、これ以外の目的で使用したり、第三者に開示することはいっさいありません。詳細は当社ホームページ「個人情報保護」(http://www.subarusya.jp/privacy/privacy.html) をご覧ください。

書名

◆お買い上げ日・書店名

お買い上げ日：　　　　書店名(ネット書店名)：

◆本書をお求めになった動機をお選びください。

□タイトル　□内容　□知人の推薦　□書店で目立っていたから

□新聞・雑誌で紹介されたから(誌名　　　　)

□著者のファンだから　□ネットで気になったから

□その他(　　　　)

◆本書に対するご感想をお聞かせください。
(良かったところ・悪かったところ・タイトル・カバーデザイン・価格等・・・)

◆本書のなかで一番良かったところ、心に残ったひと言など。

◆最近読んで良かった本・雑誌・記事・HPなどを教えてください。

◆今後、読んでみたいテーマ、内容等(解決したい悩み、問題など)がありましたらお聞かせください。

◆あなたのご意見、ご感想を広告等のPRに使用してもよろしいでしょうか？

(1)　実名で可　　(2)　匿名で可　　(3)　不可

ご協力ありがとうございました。

郵 便 は が き

（切手をお貼り下さい）

170-0013

（受取人）

東京都豊島区東池袋3-9-7
東池袋織本ビル4F
㈱すばる舎 行

氏名		性別
		男・女
住所	〒　　ー 都道府県　　区市町村	
年齢	10～20歳／21～30歳／31～40歳／41～50歳／51～60歳／61歳以上	
電子メールアドレス	@ 弊社メールニュース等情報の配信を許可していただけますか （　許可する　・　許可しない　）	
職業属性	公務員・教員・主婦・自由業・自営業・学生・アルバイト 会社員(管理職・営業職・技術職・事務職・その他) 会社経営者・無職・その他(　　　　)	

本書をご購入いただきありがとうございます。ご返信いただいた方の中から、抽選で毎月５名様に図書カード（1000円分）をプレゼントいたします。
なお当選発表は、発送をもって代えさせていただきます。
また、予告なしに本企画が終了することもありますことをご了承ください。

聞くまでもないでしょ。

セレンディピティを自分で招く――台無しにするのも自分しだい

わたしは状況をきちんと読もうとしていませんでした。それがこんな形で証明されてしまったのです。部下に誰を起用するかという判断は、実はわたしよりも上司にとって大きな意味を持っていたのに、無視して頑固な態度に出たわたしは結果的に何も得をしませんでした。

自分自身のアキレス腱のせいで、わたしは最高だった職場を離れ、また別のキャリアへと人生を進めていくことになったのです。

もちろん、いずれは次のステージへ向かっていたことでしょう。でも、仕方なしに辞めるのではなく、自分で決めたタイミングで辞めることもできたはずなのです。

アキレス腱の厄介なところは、自覚しにくいこと。他人からははっきり見えるのに、自分の目にはどうしても見えてきません。でも、セレンディピティを招くためには、自分のアキレス腱を絶対に知っておかなくては。アキレス腱で自滅するのを回避する方法を知っているかどうか、それがビジネスの世界で勝ち残っていく大事な分かれ目になります。

アキレス腱について理解するために、シナリオを3つ用意してみました。

	ケース 1	ケース 2	ケース 3
出来事	自分が希望していたポジションに、同期が昇進した。	結婚式に出席するという友人に頼まれ、ドレスを貸した。友人からテキストメッセージで、ドレスに赤ワインをぶちまけたと知らされた。洗って落ちるかどうかわからないらしい。	新商品のプレゼン中に、マーケティング部の人から、競合他社が使っている技術について質問された。
対応	すぐに上司のところに行き、どうして彼女が自分を飛び越すのか説明を求めた。	「いくらしたと思ってるの？　あんたなんかに貸すんじゃなかった！」	わからないので適当に答えた。
結果	上司の答え。「きみがそうやって感情的に動いている限り、ずっと飛び越されつづけるだけだ」。	友人からのメッセージ。「もちろん弁償するつもりだよ」。ワインのしみも無事に落ちた。結果的にドレスは戻ってきたけど、友人は失った。	正解を知っている人がいて、みんなの前で訂正された。当然まぬけに見えた。この先、何かを答えても信用してもらえるだろうか。

右の表を見てください。

この３つのケースでは、何がアキレス腱なのでしょう？

答えは**「脊髄反射する」**です。

まさにあんたの欠点だよね。

ご親切に指摘してくださってありがとう。

この３つのケースの主人公は、状況に対して脊髄反射的に反応しています――それがどんな結果を招くか、ちらっと考えてみようともせずに。深呼吸をして、自分の反応が他人の目からどう見えるか考えていれば、まったく違う結果になっていたでしょう。たとえば、こんな選択があったはずです。

ケース１

上司に面談を申し込むのは、こちらが落ち着いていて、冷静で、おだやかな気持ちでいるときにする。なぜ自分が昇進しないのか詰め寄るのではなく、昇進に向けて自分の能力を伸ばす方法を考える。

ケース２

親友がどんな対応を考えているか、まずは聞く耳を持つ。

ケース3
「わかりません」と言う。嘘をついたとバレるより、正直な姿勢を評価してもらえるようにする。

覚えておいてください。どんな鎧を着ていたって、必ず隙間はあるのです。人間なのですから。でも、自分のアキレス腱を知っておけば、ビジネスの世界をくぐり抜けていくにあたって、正しい判断がしやすくなります。この点がとても大事なポイントなのです。

鏡よ鏡……

さあ、今度はあなた自身の番です。不本意な結果になった体験を3つ思い出してみましょう。仕事の例でもプライベートの例でもかまいません。

3つの例に何か共通点はありますか？　もっといい結果にするためには、どうすればよかったのでしょう？

	ケース１	ケース２	ケース３
出来事			
対応			
結果			

Myth 15

少しくらいの「ずる」なら大丈夫……という嘘

校長先生に呼び出されてもシラを切り通していたあなた、人事部長の前でも同じこと、します？

モニカ・ルインスキーは、例の「仕事」で何を得た？

「今年は共和党に投票したけど、口の中に苦い味が残ることになったわ」
モニカ・ルインスキーの台詞（というジョーク）

立場を利用して巨額の詐欺を行うとか、そういうことだったら、もちろん重大な犯罪です。でも、それほどの害はないこともありますよね。タイムカードを30分長く切るとか、経費報告書にちょっと上乗せしておくとか、ほかの人にやってもらった作業の評価を自分が受けるとか……別に騒ぐほどのことじゃないですよね。

大統領執務室で特別サービスするとかね。

どうせ誰も気づきません。そうでしょう？

たしかに目くじらを立てるほどの悪さではないかもしれません。むしろまったく発見されない可能性のほうが高いかもしれません。

でも、もし見つかったら？

ここではＣＥＯとして、その質問に答えたいと思います。わたしは、わたしのもとで働いている人たちを信頼しています。会社に関わる判断をするときは会社のためを思ってくれる。善悪の区別もちゃんとつく。そう信じています。みんな善悪の基準に沿って行動しているはずです。あらたまって言葉にはしていませんが、これはわたしと、この会社で働くすべての人との間で交わしている契約なのです。

ですから、もし誰かがその契約を踏みにじったとしたら、たとえささいな出来事だったとしても、基本的な信頼は失われます。ＣＥＯとしての考え方においては、経費報告書をごまかしてもいいと判断する人物は、おそらく他の場面でも不適切な判断をするからです。

わたしは社員全員の全行動を細かく監視したいとは思いませんし、そんなヒマもありません。しっかり働きたい、「ずる」をするなんて考えたこともない、という優秀な人たちがたくさんいるのですから、ごまかしをする人材がいればクビにするのは当然です。

「ずる」は、3回やればアウトというものではありません。多くの会社で、1回で退場となるものです。会社として正当な理由で解雇すれば、失業給付はおりません。あなたはただ放り出されて、配偶者や両親や友人に、なぜ働けなくなったか説明しなければならないのです。それって、次の雇用主に前職を辞めた理由を説明するよりキツいと思いませんか。そういうことをする人間なのだ、という評価を周囲に植えつけることになるからです。

人としての評価・評判は、死んでも離れないたった一つの財産です。傷つけることのないよう、全力を尽くすべきなのです。

やることなすこと、全部ハラハラ意識してなきゃいけないの？

いいえ。あなたに必要なのは、良識をはたらかせること。もちろん働いていればミスをするときもあるでしょう。経費報告を取り違えたり、残業時間の申告を書き間違えたり。誰だってあることですし、説明もできます。でも、意識的に小さな「ずる」をして、それがバレて出世の道が消えるのを心配しながら生きていくなんて、ばからしいですよね。

これはやっても大丈夫か、それともそこまでやったらまずいのか、判断がつかないときもあるでしょう。わたしは判断基準として、こう考えることにしています——**わたしはこの話を誰かに話せるだろうか。**

ためしに、こんなシナリオを想像してみてください。あなたは出張でボストンに行きます。空港からホテルまでタクシーを使いました。料金として20ドルを払ったら、もらった領収書に金額が書いてありませんでした。あなたはそこに「30ドル」と書き込むことにします。誰も気づくわけがないですし、そもそもあなたは日曜に出張を入れられて、野球観戦の予定をキャンセルしなければならなかったのです。10ドル余分に経費にしたって、別に会社は困らないでしょう。

たしかに、たいした金額ではありません。でも、日曜に出張になったからといって、それは会社からあなたへの「10ドルの借り」なのでしょうか？　そして、経費報告書に10ドル足したことを、あなたは誰かに堂々と話せるでしょうか？

それくらい別にいいじゃん。

自分が経営者だったらどう思う？

だとしたら、その10ドルはわたしの10ドルだよ！　社員の10ドルじゃないよ。

もう一つ、別のシナリオを考えてみましょう。マネジャーになった人の多くが悩む問題です。会社の決まりで、ある業務を統括する一番トップの役職者が、かかったお金を経費として承認することになっています。実際に活動をする人間と、経費を承認する人間を分けることによって、会社のお金の使い方がはっきりするようにしているのです。厄介なのは、その業務トップの役職者がレストランに行き、男性だけの社交クラブに行き、その経費を上層幹部に知られたくなくて、部下の経費にしてしまう場合。役職者がどんな活動にいくら使ったか、上層部に伝わらないようにするのです。

会社の決まりがあるなら、守らなくてはいけないとわたしは思います。仮にあなたが役職者の立場だとしたら、部下に勘定を払わせるようなまねをして、自分の立場を危なくするのはやめましょう。監査が入って小細工がバレたら、悲惨なことになりかねません。

台無しになるのは自分のキャリアだけではありません。チームに対して悪いお手本を示すことになるのです。逆に言えば、上に立つ人間が正しいお手本を示していれば、現場の部下たちも正しい判断をするはずです。

では、あなたが部下で、上司の個人的な経費を落とすよう言われたら？　そういうときは、言われた通りにしておくことです。「社則にはこう書いてあります」と訴えても、あなたに得はありません。上司は社則のことは知っていて、それを軽視するという判断をしたのです。

少額の経費のごまかしではなく、もっと大きなことだったら、どう考えればいいでしょうか。社内記録を改ざんしたり、賄賂や未承認の報酬のような不正な手段で売上目標を達成したり……。

絶対にやってはいけません。

その行動を他人に知られてもかまわないか、考えてみてください。隠しておくべきならば、最初からやらないこと。

社則を破る行為、もっと悪ければ法に触れる行為を誰かがやっているのに気づいたとしたら？　密告者になるのは簡単ではありませんよね。多くの会社には、不正行為を明るみに出した人を守る制度が敷かれています。でも、上に言いつけに行く前に、まず状況の深刻度を見極めるようにしてください。たとえば、もし誰かが経費報告書を少しふくらませていることに気づいた場合、わたしだったら、不正の発見はその人の直属の上司にさせることにします。でも、もし誰かが社内記録を改ざんしたり、会社の備品を盗んでいるのに気づいたとしたら、そのときはすみやかに人事部に報告します。

その区別について、一つ忘れられないエピソードがあります。わたしがネブラスカ州のオマハで、州全体を担当する営業部を束ねていたときのこと。チームメンバーの一人が、部内の売上コンテストで毎回優勝していました。カリスマ性のある積極的な男性だったので、彼がいつも1位になるのは不思議ではなかったのですが、どうも不自然なところがありました。

ある日、彼の同僚にあたる部下から指摘を受けて、特定の企業に支払われたリベート（販売報奨金）をチェックしてみたのです。支払いのほとんどはその企業の法人口座に振り込まれていました。ところが、もう少し調べてみたところ、少額の支払いは彼の個人口座に振り込まれていることがわかったのです。

この事実を突きつけると、彼は認めました。営業先の店長に渡す謝礼品を買うために、お金を転用していたのです。悪いことはしていない、と彼は主張しました。究極的には顧客のためになっているんだし、それこそが本来のリベートの目的なのだから、と。

問題は、彼はこういう経費の使い方を承認されてはいなかったことです。リベートは顧客のものであって、彼のものではありません。彼は大きな箱いっぱいにテレビやら他の家電やらを用意していて、それを営業先にプレゼントし、商品を優先的に陳列する約束をとりつけていました。彼が部内のコンテストで1位になれたのは、そういう方法があってのことだったのです。

彼の認識においては、売上に貢献していたし、その方法にも何も問題ないつもりだったのでしょう。けれどわたしの認識においては、予算を転用するという不適切な武器で同僚に勝っていたのだととらえています。

これはグレーでしょうか？　わたしはそうは思いません。彼はただちにクビになりました。

鏡よ鏡……

・うしろめたい行為を頼まれた経験は？
具体的な内容と、そのときの自分の対応を思い出してみましょう。
・誰かが職場で不正行為をしているのに気づいた経験は？
・それを誰かに報告する義務があると感じた？

3

逆境に遭ったとき（1）

いじめやセクハラ

職場ではいろんな人が働いています。見た目もさまざま、性格もさまざま。

「なんでこんな人が就職できたの？ なんで辞めさせられないの？」と思ってしまうこともあるでしょう。「あんな人と比べれば、わたしはふつうよね」あなたはそう思っています。

だとすれば、他人のことはどこまで我慢するべきなのでしょうか。

誰をお手本として見習えばいいのでしょうか。

受け入れるか受け入れないか、どこでラインを引けばいいのでしょうか。

Myth 16

やられたらやり返せ……という嘘

誰だって平等な試合をしたいですよね。
イーブンな関係で戦えるなら、きっとあなたが勝てると思います。
だからといって、そのためにはどんな手段をとってもいいのでしょうか。

キャットファイト？　泥試合？

ジェリー「つかみ合ったり引っかき合ったりしてれば、ついはずみでキスもするかもって思うからだよ」
エレイン「男ってどうしてキャットファイトが好きなの？」
コメディドラマ『となりのサインフェルド』より

あの女、わたしの手柄を横取りしたのよ！

サイテーだよね！

ボスもいる会議で、わたしをバカにして！

あの尻軽女。

自分のプレゼン押し通して、ほかは全部叩きつぶしてたし！

ほんとムカつく！

こういうタイプ、いますよね。

男の世界で働く女性同士、彼女とあなたは仲間だったはずなのです。なのに、向こうは出し抜くチャンスを狙っていたみたい。上司に向かってにっこりほほ笑んでから、あなたのほうには「悪いわね」という感じに一瞬だけ笑って見せました。彼女はあなたを陥れ、押しのけて、アイデアと結果だけかっさらったのです。

そのくせ、「だいぶ残業しちゃいました」とか「朝も早めに出勤して取り組みました」とか、努力アピール。評価は自分のもの、ミスはあなたのもの。「ほかの人はここまでやりませんでしたけど……（する必要のない作業だったのに！）」とか「彼女はこの前のレポートでページ番号を入れ忘れてましたから……」なんて、揚げ足取りも忘れません。信じられない。絶対にやり返したい！　あとで女子トイレでひっぱたくとか！

あなたの頭は疑問でいっぱいです――どうして？　なんで？

どうして、彼女はそんなことをするの？
どうして、それでうまくいっちゃうの？
どうして、わたしも同じくらい汚い手を使っちゃいけないの？

……そもそも、女性同士だからといって、仲良くやれるとは限りません。仲良くやろうなんて1ミリも思ってない女性もいます。彼女はあなたのことを踏み台としか見ていないのです。

彼女にとってあなたは、昇進するために押しのけるべき相手。ボスに気に入られるために、ダメな比較対象にするべき相手。特別なポジション、会議での発言権、宅配便を取りにくるイケメンの笑顔、朝のコーヒーの最初の一杯。バーでお酒をおごって、ワンピースの胸元をちらちら見てくる営業部の男性社員……何もかも、彼女はあなたを蹴落として手に入れるつもりなのです。

なぜ彼女はそんなことをするのでしょうか。心理学の本を開かなくても、理由はわかります（相当に盛ったブラの奥に根深い心理学的問題があるのは間違いないでしょうけれど）。

話は単純です。権力。パワー。彼女はそれが欲しいのです。

ビジネスはパワーバランスで成り立っています。シーソーの片方が軽ければ、もう片方が重くなります。彼女のようなタイプは、自分の立場（仕事のポジションでも、それ以外の何でも）が弱くなるのが怖いので、あなたを不利にすることで自分を有利にしようとするのです。

他人を陥れれば自分が強くなると信じています。パワーを手に入れれば自信がわきます。自信を持って堂々としていれば昇進もしやすいし、欲しいものは何でも手に入る……というわけです。彼女はあなたのことを「その他大勢の一人」としか見ていません。利用すべきコマの一つ。あなたが負ければ、彼女の勝ちなのです。

神話９で紹介したブルドーザー女に似ている、と思ったかもしれませんね。まさにその通り。ブルドーザー女は、今紹介した「ネコババ女」の妹分です。でも、ネコババ女のほうが狡猾。こういうタイプは強引に押し通したりはしません。見えにくい形で、微妙な心理操作をしてくるのです。

猫だけど、犬みたいに鼻がきくんだよね。

あんな手口が通用する理由

たいていの場合は上司が悪いのです。上司（男性でも女性でも）の認識が曲がっていて、職場に緊張感とストレスがあったほうが業績が伸びると思っているので、あえて部下同士の競争を煽るのです。人間というのは褒美の得られる行動をしたがるもの。ネコババ女は、上司から褒められたいばかりに、汚い手を使ってでも競争に勝とうとします。

もちろん、上司のせいではない場合もあるでしょう。ネコババ女本人に問題があるのかもしれませんん。他人を蹴落とさずにはいられないタイプも存在するからです。バカげてると思うかもしれませんが、実際にそういうことはあります。彼女たちは想像力が足りません。仮に会社のトップに10人分のポジションがあって、その中の一人が女性だとしたら、ネコババ女が思うのは「あの女を蹴落として、わたしがそのポジションに就きたい」ということだけ。10人のうち2人が女性であってもいいとは考えが及ばないのです。

やり返さないほうがいい理由

汚い手を使われたら、同じくらい汚い手でやり返したいですよね。そうしてはいけない理由は何でしょう?

理由は、醜いから。しかも、あなたと彼女が足の引っ張り合いをしていることは、みんなの目に見えています(それを言うなら上司だって、彼女が汚いことをやっているのはわかってるくせに、おもしろがってそのままにさせているのです)。

やり返すのは、短期的には効果のある作戦かもしれませんが、長期的にはマイナスになります。ドーピングをしてレースに出ると考えてみてください。薬物の力でそのレースには勝てるでしょう。でも、ずっとドーピングしつづけていかない限り、その力は持続しません。

オフィスでも、誰かを蹴落とせばそのとき1回は成功するでしょう。もしかしたら5回くらいは、同じ手が通用するかもしれません。でも、長いキャリアを作っていくためには、人からの信頼が必要なのです。キャリアのはしごを昇るにつれ、自分自身の力よりも、他人の力に頼ることが多くなります。そうなったとき助けてもらえる人間でいたいと思いませんか。他人を蹴落として昇ってきたはしごは、誰からも支えてもらえません。

足の引っ張り合いではなく、健全な競争を

お互いを蹴落とし合う戦いは不健全です。きっちり自分の能力を披露して競うなら、それは健全な競争です。ペプシとコカ・コーラ、フォードとシボレーなど、昔からライバルとして角《つの》を突き合わせてきた会社は、健全な競争をしています。「敵」に焦点を当てることで、やる気を燃やし、能力を発揮するのです。不健全なケンカを健全な競争に変えるには、こんな４つの点を心がけてください。

１　女同士で争わず、ライバル会社を共通の敵にする。

２　他人を貶めることにエネルギーを使わない。その力は、いい仕事をすることに使う（やり返したい気持ちはぐっと我慢！）。

３　周囲に「協力したい」と思ってもらえる行動をする。あなたから他人の成功を助けていれば、向こうもあなたの成功を助けたいと感じてくれる。

4 ケンカを吹っ掛けたい気持ち自体を見せない。

だけど、向こうが先に汚いことをしたなら、その時点でルールも変わるんじゃない？

泥試合のルールでやりたいなら、ね。

鏡よ鏡……

・女性を目の敵にする女性と働いた経験は？
・そのとき自分はどんな反応をした？
・誰かを仲間外れにしてしまった経験が、きっと一度はありますよね。そのときどんな気持ちだった？　結果はどうなった？

Myth 17

上司になるのは有能な人だけ。部下をやる気にさせる人だけ……という嘘

しっかりして。
そんな夢みたいなこと、あるわけないでしょう？

上司がモンスターだった！

「教えてやる、このちんぴら風情が。お前は俺のおもちゃなんだよ。自分の意思なんかあると思うな。いつでも好きなときに俺がお前をつぶせるんだ。あきらめろ、そういう運命なんだよ」

映画『モンスター上司』の登場人物、ケビン・スペイシー演じるデイビッド・ハーケンの台詞（抗議しようとした部下に対して）

ボスとなる人が必ずモンスターだというわけではありません。でも、ほんのひと握りの上司が、あなたの心に消えない傷を残すことがあります。傷ついたあなたは、自分自身に対する見方が大きく変

わってしまうのです。

自分らしい道を進んでいきたいなら、彼らの存在を乗り越えていかなければ。この項ではモンスター上司のタイプを分析し、対処方法を説明します。なぜって、間違いなく絶対に、あなたもそんな上司にぶつかるときが来るからです。

話をわかりやすくするために、わたしが出会ってきた中で最高の上司と比較してみたいと思います。相手が立派な上司なら、接し方はあなたも自分でわかるでしょうから、わたしの上司の例は特に参考にならないかもしれません。でも、立派な上司に出会ったときこそ、**なぜその人が立派なのか、意識的に考えるようにしてください**。その人のマネジメントスタイルを盗ませてもらって、それを自分でも活用していくためです。

その最高の上司はデイルという名前でした。本名です。仮名をつけようかと思ったのですが、彼の素晴らしさはぜひ本名で紹介したいと考えました。デイルのもとで働いていた頃、彼のさまざまな部分を、わたしは心から尊敬していたからです。当時はもちろん、その後も彼の資質をお手本にして、わたし自身の中に取り込もうと心がけてきました。

第一に、デイルは強みと弱みをはっきり見抜く人でした。苦手なことを無理強いするよりも、わたしが力を発揮できる領域で、わたしを力強く肯定してくれました。励まされ肯定されると、人はすぐに、その行動をしっかり繰り返すようになるものなのです。

パブロフの犬みたいね。

よだれはたらさないけどね。

第二にデイルは、安心してアドバイスを聞きに行ける相手でした。彼の前で完璧ぶる必要はなく、ピヨピヨマネジャーとして自分をさらけ出すことができました。とにかくわからないことがたくさんあったんです。教科書では学べないことばかりで、実践で学習していかなければなりませんでした。

でも、この本は誰かの予習用の教科書になってほしいな。

厄介な人事や、不条理な顧客や、善悪の区別がつきにくいトラブルについて、デイルに何でも質問をすることができました。同じことを経験し、対処し、勝利を勝ち取ってきた彼は、いつも実用的で重みのあるアドバイスをくれました。彼自身はかつて支援の手もなく、自分の力で苦境を切り開いてきた人です。でも、だからといって部下も同じように泥をなめるべきだとは考えていませんでした。

これは本当にありがたいことでした。わたしが自分のキャリアを進むにつれ、苦しくつらい経験をしなければならないことを、彼はちゃんと察していました。ですから、せめて落とし穴のいくつかは回避できるよう、手を差し伸べたいと思っていたのです。

わたしが社内でキャリアアップしていけたのも、デイルが全面的に推してくれたことが、何より大きな要素だったのだと思います。デイルには豊富な経験があり、強く信頼されていたので、その彼が話せば周囲は聞くからです。ほかの幹部や上層部に、わたしの実績について話してくれていました。ジェーンがどれほどしっかりやっているか、ちょくちょくデイルから聞いていた人たちは、自然とわたしに良い印象を持っていたのです。もちろん、話題にしてもらえるような実績は、わたし自身が作っていかなければなりませんでしたが。

セレンディピティを自分で招く――あなたにできること

応援してくれる存在がいれば、「一生懸命にがんばって、優れた結果を出したのに、何の評価も得られない」といった事態には陥りにくくなります。

逆に言えば、出世のはしごを自分の力だけで昇っていくことは不可能なのです。もどかしいことですが、良い仕事をするだけで昇進のチャンスが得られるわけではありません。上司の支持が得られなくては！　つまりセレンディピティを招くためには、上司に信じてもらい、応援してもらえるよう、まず自分からベストを尽くしていく必要があるのです。

わたしがマーケティングのリーダーからもっと全般的な責任者へ、そしてシニア・バイスプレジデントへ、さらに人生初めてのプレジデントという肩書へ、3年足らずで進んでいくことができたのは、デイルのもとでがんばれたおかげでした。彼には心から感謝しています――わたしを励まし、わたしのキャリアを導いてくれた、素晴らしい上司でした。

それでは次に、あなたのキャリアの中で必ず出会う最悪の上司の話をしましょう。

言っとくけど、「あいつ人生の負け犬のくせに」とか言っちゃダメだからね。仮にも上司なんだから。

思うのは自由だよ。友達に言うのもかまわないでしょ。

そうだけど、ネットに書き込むのはダメ。

ひとくちにモンスター上司と言っても、その姿はいろいろです。自分の上司になるまで、その人がモンスターだとは気づかないこともあるでしょう。ですからここでは、あなたが出会うであろう最悪な上司（男女問わず）のパターンと、対決方法を紹介します。怖がることはありませんが、一つ忘れないでほしいのは、あなた自身もモンスター上司にならないよう注意することです。

暴れ牛型

乱暴者のことを「瀬戸物店で暴れている牛」と言う表現がありますが、まさにそんな感じ。同僚であってもイライラしますが、こういう人が上司になると、本当に厄介です。大声を出せば周囲がちゃんと聞くと思っているかのように、いつでも怒鳴っています。しかも何かにつけて事を荒立てます。「導く」とか「促す」とは正反対。この上司が関わると、いつでも状況は荒れるのです。人から嫌われる才能があるので、部下としては、他部署と連携するプロジェクトがやりにくくなるばかり。威圧的で、そうした態度を武器にしています。部下の恐怖心を煽ることで、自分が思う通りにしているのです(要するに「ブルドーザー女」と一緒ですね)。

こんな暴れ牛にはどう対処すればいいのでしょう?

まず第一に重要なのは、こうした上司の意地悪な性質を、あなたへの個人攻撃として受け止めないこと。上司は昔からこうやって生きてきて(たぶん子どもの頃も、そんなふうにおもちゃをぶん取っていたはず)、職場でもありのままでいるだけなのです。

第二に、神話11で分析した4タイプを思い出してください。この上司はおそらく、「ぐいぐいタイプ」+「いきいきタイプ」でしょう。だとすれば、できるだけ事実だけを見て、事実だけを話すようにするのが得策。状況から感情的な要素を取り除けば、相手もキーッとなりにくいからです。

それでも、上司はきっとあなたの感情を逆なでしてきます。ですから第三に、相手のペースに巻き込まれないよう重々注意すること。

第四に、味方を作っておいてください。組織内で、この上司だけに頼りきりにならないよう、ほかでもコネクションを広げておくのです。あなたと上司が同類だと周囲から思われるのはごめんですよね。そうならないためにも、あなたという存在をしっかり確立してください。

受動攻撃型

「受動攻撃」というのは、直接的に手を出さず、間接的に不利になるよう仕向けてくることを言います。この手のボスは面倒ですよ。何しろ表面上は、あなたに対して最善の配慮をしてくるのですから。

会議では、あなたの努力を応援するかのように、わざわざかばってくれるでしょう。けれど実は、そうやってあなたを自分の取り巻きに仕立てるのが目的。あなたの働きぶりに注目し、行動を支持していると見せかけていますが、本心では自分に自信がなく、それをねじ曲がった形で表現しているのです。あなたの仕事の手柄が自分のところに来るよう、裏で手を回し、結果的に自分を重要人物にしていくつもりなのです。

正面から叩いてくることはありません。かわりに、周囲に（たいていは上層部に）こっそり火種を投げ込んで、あなたの能力が疑問視されるよう根回しをします。

ケツの穴が小さいんだよね。

こういうボスのお得意のテクニックがあります。この人は上層部から頼られるキーパーソンになりたいと考えています。だからきっと、こんな言い方をするでしょう。

「きみは現場の仕事でとても忙しいんだから、上への報告なんて面倒なことはしなくていいよ」

重要な仕事をしているんだから……とあなたの自尊心をくすぐりつつ、上層部からの評価は自分のものにするというわけです。まったく天才的。もちろん、悪知恵の天才という意味ですけど。

こんなボスにはどう対応しましょうか。まず、こういう人物だとあなたが見抜いていることを、相手には知られないようにしてください。基本的に裏でこそこそ立ち回るタイプなのですから、あなたに手口がバレていると悟ったら、さらに巧妙になるでしょう。もっと微妙で、もっとわかりにくい形で、足を引っ張るようになります。

くれぐれも、仕事ぶりを褒められて気を良くして、上層部への報告を任せっきりにしてはいけません。若くして責任を任された人は、つい目の前の作業に没頭して一生懸命に働いて、「がんばっていれば自然と評価してもらえる」と考えてしまうのです。

たしかに素晴らしい成果なら評価されるでしょう。でもそのためには、それがあなたの仕事であることをきっちり主張しなくては。狡猾な上司の手柄にさせてはダメです。「かわりに上層部に報告しておいてあげよう」と言われたら、丁重に、「わたしにプレゼンをさせてくださいませんか」と提案しましょう。もちろん、上司から上層部への橋渡しに対して、感謝を示すのは忘れずに。そのうえでこんな言い方をしてみます。

「ぜひ経験を得たいんです。組織のマネジメントについて、勉強させていただきたいんです」

上司を出し抜いたり飛び越したりするのはダメ。あえて仲間につけて、サポートをとりつけます。こうした上司は直接対決をしたがらないので、頼まれれば聞き入れざるを得ません。

重要なのは、決して上司に任せきりにせず、それでいて上層部の前に出たときには「上司のおかげです」とはっきり手柄を譲ること。こうすることによって、上司に足を引っ張らせません。むしろあなたを支援する役割を担ってもらうのです。

二重人格型

まるでジキルとハイドのよう。毎日、どっちの人格が出社してくるのか、さっぱり見当がつきません。昨日は親切で、あなたを励まし、仕事ぶりに目を配ってくれる「良い上司」。でも、今日はやたら威張り散らし、ねちねち叩いてくるだけの「悪い上司」……。

こんなふうに両極端に変化する上司の前では、あなたは何をやってもうまくいきません。わたしにも経験があるのですが、こうしたボスの下で働くのは、混乱することばかりでした。わたしが会社の星で、何ひとつ間違ってないと励まされるかと思ったら、次の瞬間には、わたしが会社のお荷物で、何ひとつまともにやれないと落ち込まされるのです。

何がきっかけで入れ替わるのでしょうか？　簡単に言えば、わたしのおかげで上司の評価が高まって、業績も好調のときは、わたしは優秀な社員。でも業績が思わしくなく、その責任を押しつける相手が必要なときは、わたしが犯人というわけです。

こんな二重人格の上司と、どうつきあっていけばいいでしょう。

上司のご機嫌が良くて気に入られているときは、その評価をうれしく受け取ってＯＫです。でも、王様や女王様のご寵愛がずっと続くと思わないこと。「わたしは高く評価されてるんだ」とうぬぼれてはいけません（わたしは、そこを勘違いしてしまいました）。王様・女王様の「お気に入り」なんて、あっというまに変わります。今日はかわいがられていても、明日は違うかもしれないのです。そのスイッチが切り替わること自体は、あなたにはどうすることもできません。

ですから、急に能無し扱いされたとしても、それをあなた自身の問題だと受け止めないで。「ボスはわたしとは関係のないプレッシャーを抱えているんだな」と考えましょう。ストレスをぶつける相手が、たまたまあなただったというだけ。嵐はやりすごせばいいのです。過剰反応は禁物。それは上司の抱える問題であって、あなたの問題ではないのですから。

アメなし・ムチだけ型

やさしい言葉を言うことができない上司もいるようです。生まれつきというわけではないのでしょうが、もしかしたら子どもの頃、クリスマスの靴下に石ころを入れられた経験があるのかも……自分が甘やかされなかったので、他人も甘やかされるべきではないと思っているのでしょう。脅したり叱ったりするのが効果的という経験をしてきたので、そのマネジメントスタイルを続けない理由がないのです。

よく観察してみれば、この手の上司はいつも絶対に意地悪というほどでもありません。ただ単に、人を褒める言葉を一つも知らないだけ。あなたは「よくやった」の一言が欲しいかもしれませんが、それは無理だとあきらめましょう。

あの上司の子どもに生まれたくない。

ああいう上司にもなりたくないよね。

わたしもあなたも、誰だって、ちゃんと仕事をすればちゃんと評価される環境で働きたいものですよね。働く人を対象にした調査では、お金や特典でやる気が出るだけでなく、肯定的な評価が勤労意欲を高めることがわかっています。でも、こういう上司から称賛の言葉を期待して待っていてもムダなのです。

だとすればあなたとしては、社内で評価される別の方法を見つけるべきです。やる気を持ちつづけるためのフィードバックを上司に求めず、仲間からもらえるようにしましょう。そして、上司から褒め言葉がないことを人格批判と受け止めないこと。さっきも言ったように、これは上司の問題であって、あなたの問題ではないのです。

マイナス思考型

あなたはたった今、大型の契約を勝ち取ったとします。上司はあなたの手柄を褒めますが、「で、その売上を確保するのに、いくらまで値下げした？」と聞くのを忘れません。

あなたが商品１個あたり２セントのコスト削減に成功したとします。でも、上司はこう言うのです――「あと５セント削らなくちゃ意味がない」。

ライバル会社が強い理由について、あなたが実に優れた分析レポートを完成させたとしましょう。その入念な調査と考察を、ボスはあまり評価しません。かわりに出てきた言葉は、「なんでこんなに時間がかかったんだ？」。

こんな上司とつきあっていくために、理解しなければならないことがあります。この手のボスは、いつでも予防線を張りめぐらせて、その隙間から世界を見ているのです。つねに最悪のシナリオを想定していればマイナスのことが起こっても驚かない、と考えているのでしょう。しかも「マイナスのことは絶対に起こる」と信じています。

何度も言いましたが、それは上司の考え方であって、あなたの問題ではありません。あなたが何を報告しようと、必ず粗探しはされるのですから、あなたはただ自分の仕事でベストを尽くしましょう。そして、あまりプラスの面を強調しすぎないことです。ただでさえ粗探しをしたがる上司なのですから、あなたが浮かれている様子だと、なおさらケチをつけたくなるはず。リスクと機会をバランスよく把握して見せれば、上司も、あなたの客観的な姿勢を評価します。

ぼんくら型

別にわたしだって、自分が誰より冴えてるなんて思ってるわけではありません。でも、これまでに何人か、一緒に働いているとわたしは秀才じゃないかと思えてくる上司に出会ってきました。どうしてこの人が出世できたのか、さっぱり理解できないというタイプ。もしかしたら、上層部の恥ずかしい写真を握ってるのかも……と勘ぐってしまうくらいです。

こういう上司の下で働くのは納得がいかないかもしれません。でも、その気持ちを仕事に挟むのは控えましょう。会社の人事にはさまざまな理由があるものですし、人選ミスだと判断するのはあなたの仕事ではありません（次ページの「胸を張れる明日のために　その３の１」を参照してください）。

さっさと頭を切り替えて、あなたの仕事を認めて推薦してくれるメンターをほかで見つけましょう。ほかのモンスター上司への対応と同じで、ぐだぐだと気に病むのは時間のムダです。

鏡よ鏡……

・今まで出会ってきた中で最高の上司は？　その人のどんなところが素晴らしかった？
・反対に、最悪だった上司は？　その理由は？
・あなた自身にとって、良い上司となることは大事なことだと思う？
・あなたが部下を持つようになったら、どんな上司になると思う？

胸を張れる明日のために　その3の1

余計なことに首をつっこまない

心の中で上司に悪態をついていたとしても、それを公言してはいけません。あたりまえのことですよね。でも、かつてのわたしは、それがわかっていませんでした。何年も前、表面的にはとてもカリスマ性のある上司のもとで働いていた時期のことです。共に働く仲間として見るなら、その人はやる気あふれる熱い男で、楽しくて、パーティに真っ先に招待したいタイプ。でも上司としては理想的ではありませんでした。わたしの仕事の手柄をしれっと自分のものにするのです。そのくせ彼自身の判断はしょっちゅう間違っているので、わたしはいつも疑いの目を向けていました。

黙っていればよかったのです。心の中にしまっておけば、別にそれでも困ったことにはならなかったでしょう。ところがわたしは、上司に対する軽蔑の気持ちをどうしても表に出したくなりました。重要な役職にぼんくらが座っていることを、会社は知るべきだと思ったのです。あの上司がどれだけ役立たずか気づいてないから昇進させたんだ――と想像していました。わたしが気づかせてあげなきゃ！と。

その上司の上司は、わたしが以前の部署でお世話になっていた人でした。ですから、この問題をこっそり話しに行ったときも、わたしは別にそれがおかしなことだとは思わなかったのです。ところが期待していたような反応はありませんでした。会社の人選ミスを暴いた功績が褒められるどころか、子どもじみたことをするなと叱責されたのです。社会人としてとるべき行動ではない、上層部の判断にケチをつける権利はない、とはっきり言われました。手厳しい教訓でしたが、要するに「自分の担当ではないことにくちばしをつっこむな」ということだったのです。

あなたが同じような上司に悩んでいるとしても、勝手な決めつけで動くのはやめましょう。会社の判断にどんな意図があるかわからないからです。だから不満は心の中にとどめておきます。

「わたしは永遠にこのぼんくら上司の下にいるわけじゃない」

そう思っていればいいのです。

「あの上司は何か恥ずかしい写真を握ってたに違いない」って今でも思ってるんだけど。

もしくは、昔の因縁があるとか。

Myth 18

完全悪役なんて映画の中の話……という嘘

映画なら、悪役のキャラを見抜くのは簡単ですよね。黒い帽子をかぶってたり、ぎざぎざの歯をしてたり、怖いタトゥーを入れてたり。登場シーンにはおどろおどろしい音楽がかかって、場を盛り上げるのです。

でも、現実のオフィスの中でやつらを見つけるのは、ちょっと大変。怖いBGMもなく、きれいな歯並びを光らせて、やつらは登場してきます。

大人になったいじめっこ

いじめっこは幼稚園だけにいるわけではありません。大人になったいじめっこも、自分に自信がないから他人を怖がらせて優位に立とうとする点では、幼稚園児と同じ。あなたが怖がっていると思うと、自分がそのぶん強くなったと感じるのです。

やつらは、あなたのような新人を、遠くからでも嗅ぎ分ける鼻を持っています。まるで小鹿を狙うライオンのよう。嗅ぎつけて、追いかけ、わざともてあそびます。もっと強い敵に立ち向かうよりも、簡単な餌食のほうを選ぶというわけです。だとしたら、会社のライオン、オフィスのいじめっこたちに、どう接していけばいいのでしょうか。

第一に重要なことは、やつらのサインに気づくことです。人前でも、一対一の場でも、とにかくあなたに突っかかる方法を探そうとします。意地が悪くマイナスのことばかり言ったり、批判したりして、あなたの考えを否定してきます。ずるがしこいタイプなら、わざと人前であなたがよく知らない話題を振って、あなたを弱い立場に立たせるでしょう。身を守れない状況に追い込もうとするのです。

いじめっこタイプの多くは、つねにいじめっこであるわけではありません。そこが第二の重要なポイントです。味方と思わせておいて、何か事が起こったとき、予想外の方法で揚げ足を取ってくるのです。これは本当に厄介。つねに意地悪に振る舞っていてくれたほうが、こっちもそのつもりでやればいいのですから、むしろ楽だと言えるでしょう。相手がいつ豹変するかわからない場合は、いつでもいじめっこが控えていると想定して、注意をしていてください。態度が変わったときに不意を突かれないようにするのです。

第三のポイントは、向こうの土俵で戦わないこと。相手は詳しくてあなたは詳しくない話題で戦いを挑まれたときは、「その点については不勉強で、意見が言えません」と口に出すのを怖がらないでください。相手のペースに巻き込まれ、こっちもけんか腰になってしまうというのが、一番最悪のパターンだからです。そうなったらあなた自身にどんな得があるというのでしょう？　ここは利己的になるべきです。あなたにとって得になることを考えてみましょう――本来なら、あなたはしっかり力を発揮できるはずですよね。一対一で不利な立場に置かれたら、やり返さずにその場を離れるようにしましょう。

困るのは、大勢が見ている前でそうした状況になったとき。上司や同僚も参加している会議で、いじめっこの標的になった場合は、どうすればいいでしょうか。まるでテニスの試合をしているみたい――観覧席のオーディエンスが、ボールの応酬をずっと見守っています。どんな事情があるにしても、なかなか厳しいシチュエーションです。

わたしからのアドバイスとしては、つねに事実から離れないようにしてください。いじめっこは事実に基づかないことを言い出したり、感情的な言葉を使ったりして、状況を煽ろうとするからです。わざと議論に他人を巻き込むこともあります。「きみの判断には顧客も腹を立てるだろう」とか、「役員はきっと認めないだろう」なんて言い出します。トゲのある言い方をして、あなたに反撃させようとしているのです。

でも、あくまで事実に沿って答えるよう心がけて、そんな煽りには乗らないように。あなたは正々堂々とテニスのラリーを続け、うしろ暗いところのない、自制心もしっかり備えた人物として、オーディエンスに見てもらえばいいのです。

こうしたいじめっこが上司だった場合はどうしましょうか。神話17でモンスター上司について書きましたが、ほかにもさまざまなタイプのいじめっこ上司に、わたしはたくさん出会ってきました。わたしの経験から言うと、彼・彼女は一対一の場面では手を出さず、あくまで観客がいるところで卑劣な武器を使ってきます。そうやって自分を強く見せようとしています。権力やパワーが欲しいからやっているとことなのです。

わたしが幹部になったばかりの頃、こういう上司の標的になって、自分自身の存在意義まで揺るがされたこともありました（神話24で詳しく説明します）。そのときは悔しい思いをしましたが、12年後、また別のいじめっこ上司が登場したときは、違う結末を迎えています。後半の例のほうを説明させてください。

セレンディピティを自分で招く――あなたにできること

わたしがベストフーズという会社で、エグゼクティブ・バイスプレジデント（幹部副社長）という役職に就いていたときの話です。その肩書になって1年半が経っていました。親会社が二度変わるという展開があったにもかかわらず、私が率いるチームは業界の先頭を行く成長率を叩き出していました。

二度目の親会社変更のあと、わたしを採用してくれた上司が退職し、新たなボスが来ることになったのですが、わたしはそれを楽しみにしていました。きっとチームの業績に感動してくれると思っていたからです。そこで、わたしたちの素晴らしい数字を披露する詳細なプレゼンを作って、新上司のご登場を待ち構えていました。

オフィスに登場した新上司は、まず全員と握手をして、それからこう言いました。

「この事業部門は売却されることになった。たった今から有効となる」

ショックだったのは、事業を売却するという発表そのものではありません。その宣言のやり方に、わたしはぶん殴られたような衝撃を感じました。部署のリーダーであるわたしに事前に一言も知らせず、わたしから直属の部下に説明させなかったのです。こんなふうに不意打ちすることで、彼はわたしを無力な存在にしました。「これからは俺がこの街を牛耳るからな」という宣言だったのです。

でも、キャリアアップしてきた年月で、わたしも少しは成長していました。この人はいじめっこタイプだと悟り、わたしへの人格攻撃とは受け止めなかったのです。**ただ恥も外聞もないパワープレイをしてるんだ**、と理解することができました。そうした理解力こそが、わたしの力になったのです。

あなたの場合も、きっと同じです。しっかり状況を認識できれば、それはあなたのパワーになります。

真正面から意地の悪いことをするなんて！

裏から卑劣なことをするのも厄介だよ。

卑劣なやつら

実は、いじめっこよりも手強い敵がいます。あからさまに攻撃してくるいじめっことは違って、悪魔のように卑劣なやつらは、表からは見えない罠を仕掛けるのです。たいていは受動攻撃型なので、表面的には味方のように見えます。でも、そこには本人だけの思惑があって、その青写真の中にあなたの成功は含まれていません。わたしもキャリアの中で何人かの悪魔に出会ってきましたが、ほぼ例外なく共通するポイントがありました――彼・彼女らは、「ＷＩＮ―ＷＩＮ」のコンセプトを根本的に信じていないのです。あくまで自分だけが絶対に勝つのであって、ほかの誰かが勝つなんてことは許せないと考えています。

今でも忘れられない思い出が２つあります。裏でひっそり立ち回り、わたしのキャリアに影響を及ぼした２人の悪魔の思い出です。どちらのシチュエーションのときも、わたしはめきめきと成果を出して成長している最中で、悪魔はわたしの同僚にあたる存在でした。その２人も活躍していて、社内で注目されていたのです。

ところが一人目のほうは、わたしと一緒にスポットライトを浴びるのは嫌だと考えていました。わたしは気づいていなかったのですが、その男性は自分こそが会社のスター社員だと思っていたのです――たくさんのスターの一人ではなく、唯一のスターなのだ、と。それで、どんな手を使ったと思います？　彼はわたしの味方というふりをしながら、仕事でのわたしの弱点を探って、それをさりげなく上司に報告していました。中傷ではなく、あくまでちょっとした警告という形で耳に入れて、上司にわたしへの警戒心を抱かせたのです。

彼らはこんなふうに、こっそりと「情報」をやりとりするのが大好き。他人が知らないことを知っているというのは、自分にとって有利なパワーになるからです。何度も書いてきましたが、パワーは会社という世界において大きくものを言います。

でも、悲観ばかりしないでください。こうした悪魔はそれほどあちこちにいるわけではありませんから。いじめっこと違って、悪魔はわざわざ弱虫や新人を探そうとはしません。自分にとって脅威になる相手だけに目をつけるのです。

逆に言えば、悪魔に目をつけられたとすれば、それはあなたがすでにパワーを持つ存在になったということ。ですから心配はいりません。悪魔が姿を現すのは、あなたに対抗する力があるからこそ。**大事なのは彼らに傷つけられる前に、その正体を見抜くこと**です。

わたしが最初にこの手の悪魔に出会ったときは、正体を見抜けませんでした。彼の存在がきっかけで、わたしは予想以上に早くフリトレーを退職することになりました（いずれにせよ次のキャリアに進むタイミングだったので、その点では彼のおかげと言えるかもしれません）。でも、この経験があったからこそ、次に同じ体験をしたときは、わりと簡単に気づくことができたのです。2人目の悪魔も同じ手口で上司に情報を植えつけようとしましたが、それをきちんと振り払うことができました。

最初の悪魔に会ったときは、わたしが退職。2番目の悪魔が出てきたときは、昇進。うまくやったと思いませんか。フェアなプレイで、事態を逆手にとったのです。

鏡よ鏡……

・自分がパワーを握っていると感じた経験を3つ思い出してください。

・自分自身がいじめっこだったかもしれない時期を思い出してください。そのとき、自分は強いんだ、と思った？

・いじめの標的になったとき、どう対応した？

・悪魔みたいな人と出会った経験は？

・その人とどんなふうに関わった？

Myth 19

ほかの人もわたしのためを思ってくれてる……という嘘

ママやパパなら、その通り。
あなたの姉も、あなたの親友も、きっとその通りでしょう。
でも、オフィスでは別。
「下心」を「好意」と勘違いするとしたら、あなたが甘すぎるのです。

自分の身は自分で守る

「安全運転だぞ。それとコンドームは絶対忘れるな！……いや、シートベルトのことだよ、シートベルト」

映画『花嫁の父』で、スティーブ・マーティン演じる主人公ジョージ・バンクスの台詞（娘が婚約者の車で出かけるときに）

経験や知恵がないうちは、いろいろと困った経験もするものです。でも、ときには判断がつかないこともあります。面倒を見てくれる男性社員が本当に親切なだけなのか、それともあわよくば手を出す機会を狙ってるのか、見極めるのは簡単ではありません。

オフィスでそんなやつがいれば絶対気づくはず、と思うかもしれませんね。あなたの若さに舌なめずりをしている気持ち悪い男なら、あなたが見抜けないわけがない。だから、きちんとした中年男性の上司は、心底あなたのためを思ってくれているはずだ、と。

もし本当にそう考えているとしたら、おめでたいこと。想像してみてください――あなたの上司は、あなたのステップアップを念頭に置いていて、競争の激しい一流企業でどう成果を出していくか、気にかけてくれているようです。その上司が、こんな提案をしてきます。

「新商品発売のマーケティング戦略についてきみの意見を聞きたい。いい機会だから、この会社の仕組みについて、いろいろとアドバイスをしよう。ちょっとひと休みできる場所でゆっくり話し合わないか」

25歳のあなたは、一生懸命に脳みそを回転させて、こんなふうに考えるのです。

「こんな大きな会社の立派な重役についている人が、わたしにじきじきにアドバイスをくれるなんて！　もちろん大丈夫に決まってる。信頼できる人物じゃなかったら、こんなに出世してるわけがないもの！」

理屈としてはそれで筋が通るかもしれません。でも、「ちょっとひと休みできる場所」という台詞は要注意です。仕事のアドバイスをするのに、わざわざ「ひと休みできる場所」に行く必要なんかありますか？　それに、この男性上司は結婚してるんじゃなかった？　既婚の上司と2人きりで「ひと休みできる場所」に入って正解だったなんて、そんなことあるわけないでしょう。あなたもそう気づくのですが、そうなると、難しい問題にぶつかります。

この上司に何と言えばいいのでしょう？　申し出を却下しつつ、機嫌を損ねないためには、どうすればいいのでしょう？　それに、ピンと来た勘が１００％正しいのかどうか、実はあなたにも自信がありません。不本意ではあるけれど、社会で生き残っていくためには、もしかしたらこれはふつうのことなのかも。拒絶しないほうがいいのかも。

誰かに相談するわけにもいきません。「そんなこともわからないのか」なんて思われたくありませんし、もし上司が本当に純粋な親切心だったとしたら、誰かに相談したせいで上司が破滅するのも嫌だし（純粋な親切心のわけがないのですが、仮にも上司を破滅させるのは気が進まないですよね）。

あなたの前にはいくつか選択肢があります。

1「結構です、ありがとうございます。たぶん別の機会にでも」と言って、上司が同じことをまた言い出さないよう願う（言っておきますけど、「また」はあります。あなたがあまりに危なっかしいからです）。

2「結構です、ありがとうございます」とだけ言って、理由や条件をつけない（これもうまくいかないでしょう。上司はあなたがその場をやりすごしただけだと判断して、もう少し押せば落ちると考えるのです）。

３「わかりました」と言う。たぶんうまくあしらえるから（本当に？「ひと休みできる場所」で、あなたより身体の大きな男性と２人きりで？）。

４「わかりました」と言う。成功する女性は男と寝てチャンスをつかむものだから（そうでもないんですけど）。

社会人になりたての頃、この場面にぶつかったわたしが選んだのは、「１」です。その後、何度か同じ上司をつっぱねなければなりませんでした。誰かに相談する勇気もありませんでした。お前は何も知らないのか、と思われたくなかったからです。上司を厄介な立場に立たせたいわけではありませんでしたし、はっきり言って、誰にでも打ち明けられるような話でもありませんし。

あとからわかったのですが、その上司はそれほどポジションが高かったわけではなく、声をかける相手も別にわたしでなくてもよかったのです。会社という広い海に網を投げて、引っかかりそうなぴちぴちの魚を探していたというだけ。ですからわたしへの関心はすぐに薄れ、次の若いターゲットに移っていきました。

なんでこういう男が会社の椅子に座ってられるの？

しっぽを出さないからね。上は気づかないんだよ。

ある意味では、この手口はあまりにも突飛というか、あからさますぎて現代では通用しないものだと思います。今はハラスメントを許さない風潮が広がりましたから、こうした言動に会社は敏感に反応するでしょう。

だからこそ現代では、もっと微妙でわかりにくい形で、こういうことは起こるのです。もう少し判断のつきにくいシナリオを想像してみましょう。きちんとした良識ある上司が、勤務のあとに一杯飲もう、とあなたに声をかけます。

「きみは入社したばかりだから、会社の仕組みをいろいろ説明しよう」

上司に関心を持ってもらえたんだ！と、あなたは舞い上がります。ちなみに、この上司はかなりハンサム。役職はかなり上だけれど、直属というわけではないので、安全でしょう。2人きりではなく公共の場で会うわけですし。まったく問題ないはずです。

とはいえ、これをリスクではなくチャンスにするために、今回のあなたが考えるべきは「４つの選択肢」ではなく「４つのステップ」です。

（１）「当面、勤務時間後の予定が詰まっているんですが、アドバイスはぜひすぐにうかがいたいです」と言う。仕事のあとではなくランチタイムで、と提案する。

指輪してないから既婚者じゃないみたい！

キャリアでも結婚でも成功するチャンスかも！

がっつくと元も子もなくすよ。

（２）約束の時間までに、仕事に関する質問を準備して整理しておく。

（３）身構えすぎない。自分のプライベートの生活、時間の使い方、仕事以外の関心なども、多少は説明すること。同じように、相手についても少し知ろうと努めること。

（４）単なる仕事仲間ではなく、それ以上に交流を深めたい……と向こうが思っていて、あなたも同じように感じるなら、絶対に焦らないこと。相手の男性が未婚なら、たしかに問題はないかもしれません。良縁がオフィスで始まることはよくあるのですから。でも、職場関係のつきあいはつねにリスクを伴うのです。特に職場の規模が小さい場合は何かとトラブルになりやすいと思ってください。これは神話27でも説明します。

既婚者から特別の好意を示された場合は？
そのときはページを飛ばして、今すぐ神話37を読んでください！

鏡よ鏡……

・親切と下心は見分けられる？
・NOと言って丸く収まった経験を思い出してみましょう。そのとき、どんな言い方をした？
・NOと言ってこじれた経験を思い出してみましょう。あのときの体験が今もトラウマになっていますか？

Myth 20

セクハラは絶対に糾弾すべし！……という嘘

最善の判断というのは、決してどちらかの側だけに偏ったり、決めつけたりしないものです。知っている情報をすべてしっかり考慮に入れなくてはなりません。そのうえで「疑わしきは罰せず」という原則をてっぺんにのっけておきましょう。怪しいだけなら好意的に解釈してあげる、ということです。

盛っていいのはブラのカップだけ。話は大きくしないこと

わたしがフリトレー時代に、アシスタント・ブランド・マネジャーとして初めての仕事を担当したときのことです。土曜の午前に出勤したわたしは、コンピューター室で分析作業をしていました。

コンピューター室って？

昔は、一人一台のパソコンなんかなかったから。

えー、ドラマみたい！

食べ物は狩りと採集で手に入れてた時代？

タイプ打ちだけを担当する事務スタッフもいたのよ。

このときはまだ転職して2カ月足らず。残業も休日出勤も当然でした。わたしがMBAを取得したのはテキサス州ダラスのサザンメソジスト大学で、ハーバードのような名門の出身ではなかったので、周囲に追いつくためには必死にがんばらなくてはならなかったのです。

そういうわけで表計算シートに没頭していたら、同じオフィスで働く男性が姿を現しました。わたしより2つか3つほど年上で、よくは知らなかったのですが、評判は聞いていました――いわゆる、お祭り男。このときも間違いなく、バーかパーティか彼女のうちで飲み明かして、そのまま職場に来たのでしょう。わたしも寝ていませんでしたが、彼も違う理由で、睡眠をとっていないようでした。

その男性社員はコンピューター室にふらっと入ってきて、少し嫌味な口調で、こう言ったのです。

「やあ、おっぱいちゃん。元気？」

当時のわたしは25歳です。そりゃあもう、ものすごくショックを受けました。そんなこと大声で言う人なんていますか？　たしかに胸はなかったわけじゃありませんし、そのときは白い水玉模様の青いセーターで、上半身が強調されていたかもしれません。目が行くのは仕方ないとしても、だったら心の中で言うだけにしておけばいいのに！

このときわたしが何と答えたか、正直に言えば記憶にありません。顔が真っ赤になったことだけよく覚えています。そして次の月曜の朝、わたしは上司のオフィスに乗り込んでぶちまけたのです。

上司はすぐに、男性社員の上司をつるしあげに行きました。

実はあとからわかったのですが、わたしの上司の上司だった女性が、わたしを「おっぱいちゃん」呼ばわりした男性社員のことを常日頃から苦々しく思っていたのです。ですから、こんな出来事が起こるのを待ち構えていました。この件だけでクビにはできませんが、予定されていた昇進を差し止めるくらいはできる、というわけ。実際そうなってしまいました。

もちろん、「おっぱいちゃん」なんて言われたい人はいません。

えー、胸が大きいって言われるのはチャンスじゃん！

なじみのバーでならありだけど、オフィスでは、いいわけないでしょ。

でも、もっと違う対応ができたはずでした。本人にきちんと伝えるべきでした。実際には顔をトマトみたいに真っ赤にして、口をぱくぱくさせるばかりでしたが、それなら次の週にでも言えばよかったのです。わたしがどれほど嫌な気持ちだったか。あれがどんなに失礼な台詞か。けれど、25歳のわたしの頭では、他人がそんなふうに悪意を向けて来る理由がただただ理解できず、何も反論できませんでした。実際には、彼はたぶんわたしの名前すら知らなくて、それで「おっぱいちゃん」なんて呼び名が口から出てきたのです。

一年も経ってから、本人に聞かれました。なぜ上司に言いつけたのか、と。わたしが上司に訴えたことで、彼の昇進はおあずけになっていました。実際のところ、それは「おあずけ」というより「行き止まり」だったのです。30歳の彼の頭では、他人がそんなふうに悪意を向けて来る理由がただただ理解できなかったのでしょう。彼としては、わたしに意図的に悪さをしたわけではありません。むしろ、卑猥な発言をしたことなど、覚えてもいなかったのです。

2人の人間が、同じシチュエーションに対して正反対の記憶を持っていました。休日のコンピューター室での出来事を、まったく違う目でとらえていたのです。わたしは彼と「出来事」について話し合いましたが、いたたまれない気持ちでした。自分が上層部のてのひらで踊ってしまったと気づいたからです。上司は、この男性社員を追い落とす機会を待っていました。そこへわたしが正義漢ぶって登場して、まんまと機会を提供してしまいました。

もちろん、よく知らない相手に失礼なことを言ったという点では、彼に非がありました。でも、一年が経ってようやく本人と向き合い、キャリアが完全につぶれたことへの悲しみの表情を見ていると、この人に悪意があったわけではないのは明白でした。ただ単に、「ポリティカリー・コレクト」（訳注　偏見・差別を含まない中立的な表現や用語を用いること）の波に乗れていなかった男性の一人、というだけ。はっきり言えばポリティカリー・コレクトの風潮が生まれつつあること自体、知らなかったのでしょう。だからといって、彼の一言は、キャリアのすべてを奪って当然というほど大袈裟なものではありませんでした。失態に対して罰があまりにも重すぎました。それに、彼は謝罪して許しを得るチャンスも与えられませんでした。不適切な発言はもうしませんと言うチャンスはあって当然だったのです。

実際、彼はそんな物言いは二度としませんでした。

これは30年近くも前の話です。21世紀のビジネス界では、ポリティカリー・コレクトに対して昔よりずっと厳しくなりました。でも、どれほど詳細に指針を決めて、どれほど綿密な研修を受けたとしても、人間は職場でときどき失言をしてしまうものです。人を傷つけることや、プライドを傷つけるようなことを、不用意に口に出してしまうことはあるものです。

それを単なる間違いとして片づけるべきなのか、許せない発言として抗議するべきなのか、見極めるのはとても難しいことだと思います。

この話はもう少し続けましょう。見極めて区別するにはどうしたらいいか、職場でのハラスメント・ガイドラインについて、さらに詳しく章で書いていきます。

鏡よ鏡……

- 不意打ちで、ぶしつけな発言をされた経験はある？
- そのとき、どう反応した？
- わたしと同じシチュエーションが起こったら、あなたは上司に報告する？

Myth 21

触られなければセクハラにあらず……という嘘

過剰反応すべきではない場面もあります。
反対に、声をあげなければいけない場面もあります。
人事部は決してあなたの敵ではありません。
それを忘れないでください。

ＮＯなものはＮＯ

「女の子が言う『ＮＯ』は、男には『明日、もう一回誘って』に聞こえている」

フェイスブックの書き込み。「いいね」４８８０９件

相手ははっきりハラスメントをしているのかもしれません。それとも、ただの無神経なエロおやじなだけかもしれません。どうやってこの2つを区別すればいいでしょうか。

〈シナリオ1　ただのエロおやじの場合〉

信じられない。あいつ、またこっちの胸を見てる！

あなたは叫んでやりたい気持ちになります。胸とお尻じゃなくてこっちの目を見なさいよ！　このすけべ！

あなたは仕事に全力で取り組んでいます。業務分析の際はいつでも入念な調査を行いますし、これは遊びではなく仕事だとつねに意識しています。ですから服装だってオフィスにふさわしいものをちゃんと選んでいるのです。野暮ったくならず、でも、女を武器にしない服装を心がけています。頭脳よりファッションに注目されないよう気をつけること――と、社会人なりたての頃にアドバイスを受けたからです。

あなたがそんなふうにちゃんと節度を守っているのに、なんで目の前の男はそれができないのでしょう？

こっちも股間を凝視してやれば？

それは喜ぶだけかもよ……。

最初に断言しておきます。あなたは相手の男性と対等ではありません。

そんなのフェアじゃないと思いますよね。でも、現実です。あなたはまだキャリアを築いている最中ですが、年配の男性はすでに足場を固めてきました。あなたは同じ土俵だと思っているかもしれませんが、残念ながら、そうではないのです。もちろん永遠にそのままというわけではありません。いつかは（あなたが望めば）あなたがトップになり、誰かが誰かのお尻とか股間をじろじろ凝視することなど許さないようにすればいいのです。

でも、まだそうなっていない段階で、こんなシチュエーションに出会ったら、どう対応すればいいでしょうか。対応の候補をいくつか挙げてみましょう。

1「いやらしい目で見たんです！」と人事部に報告する。

2 相手に直接「どこ見てるのよ！」と言って牽制する。

3 心の中で「わびしい生活を送ってるみじめな男だから、こういうことをするのね」と考えて、負け犬人生に少しの楽しみを許してやる。

4「無難なTシャツを着ててもナイスバディは隠せないのよね」と思ってほくそ笑む。

わたしなら3と4の組み合わせにしておきます。なぜなら、このエロおやじは触ってはいないからです。言葉にも出していません。会社の大問題にするほどのことではありません。

でも、ただ見るだけでなく、それ以上にエスカレートするとしたら……続きを読んでください。

2で、タマが縮むほどびびらせてやるのがいいと思うけど。

その手は使えないこともあるのよ。

〈シナリオ2　明らかにハラスメントの場合〉

あなたは最近、出社するのがなんとなく気が進まないと感じるようになりました。何がどうとははっきり説明できません。仕事内容は変わっていないのです。強いて言うとすれば……職場にいる一人の男性から、頻繁にメールがあること。数も増えてきたし、内容もだんだんあからさまになってきました。しかもその男性は既婚者で、子どもも2人いるのです。

どうしてこんなふうになったのでしょう？　あなたは記憶を探ってみますが、あなたのほうが気があるように思わせたとは、どうしても考えられないのです。ところが向こうはずっと言い寄りつづけています。あなたはそれを聞き流しつづけています。

あなたが丁重に流している理由は、「ふざけんな、このバカ」とは言えないからです。向こうが逆ギレしたら何をしてくるかと考えると、そんなことは言えません。何しろ相手はあなたより役職が上で、勤続年数も長いのですから。それに、頻繁に食事に誘うくらいで、ことを荒立てる必要もないのかもしれません（実際、言ってくるのは食事の誘いだけではないのですが……）。

わたしの考えすぎかもしれないしね。

下着姿の写真を送れって言われたのに？

別に変な意味じゃなかったのかもしれないし。

文面をよく思い出してよ。「写真が見たいな。パンティだけのやつ」だよ？

だよね……気色悪すぎる。

では、どうしても受け入れられないことを求められたら、どう対応すべきでしょうか。気をつけてほしい注意点が３つあります。

１　気をもたせるような返事はしないこと。「お互いにその気があった」と言わせるような材料を与えない。

2「興味がありません」または「嫌です」「結構です」という返事を、簡潔に返す。それ以上の説明はしないこと。曖昧にしておくとエスカレートする可能性があるので、これが大事なポイント。

3やりとりの記録は残しておく。「そっちがああ言った、こっちがこう言った」という泥沼を避けるため。

友達に愚痴ってすませるだけではなく、もっと本格的な反撃をしなければならない場合もあります。その区別は微妙でわかりにくいのですが、「3ストライクでアウト」のルールに従っていればいいでしょう。

1回目のときは、おそらく相手はあなたが関心を持つかどうか様子を見ているのです（既婚者だとしたら、それだけで充分嫌らしいことですけど）。あなたにもNOと言うチャンスがあります。2回目のときは、あなたが本心で拒否したのか確かめているのでしょう。ですから再度NOを突きつけてください。それでも3回目があるとしたら、こいつは大バカ者です。明らかにハラスメントに踏み込もうとしています。引導を渡してやるのはこのタイミングです。

でも、どうやって？

まずは口頭で伝えてください。メールやテキストメッセージではなく、面と向かって「不愉快なのでやめてほしい」と言いましょう。顔を合わせないですむとなると強い態度に出る男もいるからです。それに自分が魅力的だと思い込んでいて、あなたが嫌がっているとは夢にも思いません。

口頭で伝えても続くとしたら？

デリケートな問題に対処するのは人事部の仕事であり責任範囲です。この手のトラブルはキャリアを台無しにする可能性があるので、人事部は機密性を守って偏見なく対処するよう訓練を受けています。ハラスメントをしている人があなたにとっては上司である場合、別な上司に訴えても、そこには身内意識が介在してくる可能性があります。ですから上司ではなく人事部に訴えるほうが賢明です。後者のほうが広い視点で見るでしょうし、似たような事例も知っているでしょう。

では、人事部に訴えたとして、その結果はどうなるでしょうか？

会社によって対応は違ってきます。難しい問題ですが、あなたができることをいくつか挙げておきます。

１　文書を提出する。メールやテキストメッセージを送られたなら、そのコピーを。そうでなければ接触の記録（時間、場所、主な発言など）を。

２　どうなってほしいか、しっかり考える。ただ放っておいてほしいだけで、別に相手の解雇までは望んでいないかもしれませんね。自分の気持ちに正直に考えること。

３　いくらかの反発は覚悟しておく。人事部に叱責されたら、きっと本人は腹を立てます。でも、忘れないでください——あなたはすでに手を引くチャンスを彼に与えたのです。破ったのは彼の責任。

それに、あなたが働きたいと思う会社であれば、そんなセクハラ人物を放置するはずもないでしょう。報復行為に出てきたら、ためらわず、人事部に報告すること。

わかってほしいポイントがあります。きちんと尊重され、ハラスメントからも守られる環境であれば、あなたは仕事にベストを尽くすはずです。その点であなたと会社の利害は一致しています。ややこしいのは、それに付随する要素がいくつかあること。たとえば例の男性社員は優秀な営業部員で、会社の業績に貢献してきたのかもしれません。そのスタイルに多少問題はあるとしても、長年の成績が立派なので見逃されているのかもしれません。

そうだとしても、ちょっとばかり失言をするタイプの人（わたしに「おっぱいちゃん」と言った彼のように）と、はっきりハラスメントをしてくる人は、決して一緒ではありません。下品な発言程度なら会社も大目に見るかもしれませんが、あなたに不快な思いをさせ、それによってあなたが仕事に支障をきたすとすれば、そこが境界線です。

あなた個人で弁護士や警察などに駆け込む前に、必ず会社に対応のチャンスを与えてください。第三者を巻き込むとお金と時間がかかりますし、苛立ちも大きくなります。それに、あなたは「会社は状況を知っていて見逃してるんだ」と思い、会社を許せない気持ちに駆られるかもしれませんが、実際には気づいていないことのほうが多いのです。こういう輩は上層部の前では絶対に同じような行動をしません。そういう意味では知恵が回るのです。

もちろん、だからといってハラスメントを放置するのは許されませんよね。

鏡よ鏡……

・これまでの経験を振り返って、どんなタイプの接触に対して不愉快な気持ちになった？
・相手が「フレンドリー」から「不適切」に踏み込んだと判断する、あなたなりの暗黙の境界線はある？
・あなたの職場では、下ネタや性的な軽口はよくあること？　だとしたら、それは他人からどう見られてると思う？

胸を張れる明日のために　その３の２

職場のハラスメント・ガイドライン

わたしが社会に出たばかりの頃と比べると、ハラスメントに対する意識は驚くほど強くなりました。神話20と神話21でとりあげたような性的な嫌がらせだけでなく、もっとさまざまな出来事を含むようになっています。これはとても重大なテーマですが、わたしは法律家ではありませんから、きちんとした専門家の意見を紹介したいと思います。

人事専門コンサルティング会社エンプロイメント・ロー・ソリューションズのチャールズ・T・パッサリアは、ハラスメント問題を学ぶための研修サービスを提供しています。わたしの会社でも、経営陣を含む管理職全員が、彼の研修を受けました。ハラスメントと判断する基準について、彼から2つのキーワードを教わりました。

深刻さとしつこさ

①本当に「深刻」な言動であれば、たった1回でも、ハラスメントとみなされます。たとえば1回でも誰かがあなたの身体に不適切に触ったり、もしくは、著しく悪質な呼び方であなたのことを呼んだりしたならば、即座にハラスメントと判断することが可能です。わたしが挙げた例で言えば、「おっぱいちゃん」と呼んだ男性社員は、彼がわたしの胸に直接触ろうとしたのでない限り、深刻と判断するほどではありません。

②最初はただムカつくだけだったり、ただのジョークのようだったとしても、その行動が繰り返されるのであれば「しつこい」ということになります。目くじらを立てるほどでもな

い言動であっても、繰り返されれば、ハラスメントになりえます。たとえばわたしの胸をじろじろ見ていたエロおやじが、それを継続的に行うのであれば、ハラスメントとみなされる可能性があります。

ここまではわたしの言葉で整理しました。ここからは、専門家のチャールズが示しているガイドラインを確認しましょう。

ハラスメントとは何か

米国雇用均等委員会（ＥＥＯＣ）は、ハラスメントを、人種、肌の色、宗教、性別、出身、年齢、障害を理由に個人を中傷したり、敵意や嫌悪を示したりする言葉もしくは身体的な行為と定義しています。

2種類のハラスメント

差別的ハラスメントには2種類あります。「対価型」と「環境型」です。対価型のハラスメントとは、雇用の条件として、または何らかの見返りを与える代償として、地位の高い者が低い者に性的行為を明示的・黙示的に要求することを指します。もう一つの環境型は、業務として具体的・経済的な必然性のない深刻な行為（性的な嫌がらせに限定しません）が行われたり、それが繰り返されたりして、働く人を傷つける環境となっていることを指します。

ハラスメントとなる言動

人種、肌の色、宗教、性別、出身、年齢、障害に関連して、次に挙げるような言動があった場合は、それはハラスメントとなりえます。

・侮蔑的な名称、中傷、侮辱的な言葉を使う
・悪口を言う
・訛りや特徴を真似する
・ネガティブなステレオタイプを押しつける
・特定の宗教的見解を強制する
・名誉を傷つける冗談やコメントを言う
・脅し、威嚇、ストーカー行為を行う
・攻撃する、身体的に接触する
・不快なものを見せる

ハラスメントに対する責任

雇用主が社員または社員以外のハラスメント行為を知っている、または知っていて当然の

状態にあり、その行為を是正するための迅速かつ適切な行動をとらなかった場合、雇用主にはそのハラスメントに対する責任が生じる可能性があります。

げんなりする10のセクハラ（我慢するしかないと思わないで！）

「深刻さ」と「しつこさ」がハラスメントを判断するキーワードだと説明しました。では、どのような行動がそれに当てはまるでしょうか。次に挙げるのは、重要度の順番ではなく、すべて許容されない行為です。

・職場でポルノコンテンツを見る
・不適切に身体に触ってくる
・つきあおう、などと何度も誘ってくる
・あなたの外見について不適切なコメントをする（「そのジーンズだときみの尻は抜群だな」など）
・あなたと一緒にしたい行為について不適切なコメントをする（ご自慢のテクを説明するなど）
・卑猥な冗談やユーチューブ動画などを転送してくる
・あなたの性的指向性、民族性、宗教的見解をからかう
・出張で２人きりになったとき、キスや抱擁をしようとする（たとえ大量のお酒を飲んでいたとしても、許容されるものではありません）

・ほかの人が見ている前であなたを侮辱する
・物理的な威嚇行動をとってくる（ストーカー行為など）

可能であれば、嫌がらせをしている本人に、そうした行動をやめるように要求しましょう。多くの場合、こうした人たちは自分の行動がもたらす影響に鈍感なのです。やめてほしいと要求するだけでも違います。それでも効果がない場合は、思い出してください――あなたが安全に守られた環境で仕事にベストを尽くしたいと思っているのと同様に、会社側も安全な職場環境を提供したいと思っていますし、それを阻む行動が行われているなら知りたいと考えているのです。

わたしのお尻がジーンズだと超セクシーなのは本当だけどね。

だからって言われてもいいってことじゃないよね。

4

逆境に遭ったとき（2）

プレゼンやフィードバック

セクハラとか、卑怯な手を使ってくるライバルとか、キャリアアップの道で出会うのはそんなルール破りの存在ばかりではありません。ルールの中で、あなた自身が正々堂々と戦っていかなければなりません。

ここからは、きちんと自分の力を発揮していくためのヒントをいくつか紹介します。自分の力を発揮するチャンスはたくさん現れるものなのです。

Myth 22

キャリアアップのためには女の武器も使うべき……という嘘

幸運にもスタイルや顔に恵まれたあなた。
身体の線がぴったり出る服でみんなを振り向かせるのは、格別な気分ですよね。
でも、それはあくまでクラブで楽しむこと。
オフィスはそのための場所ではありません。

セクシーなのは罪かしら？

「ワンダーブラの調査結果によれば、多くの女性がピンチのときに自分の〝武器〟を利用しているようです。たとえばアンケートに答えた女性の半分が、バーで注文を先に出してもらうために谷間をチラ見せすることがある、と回答しました。一部の女性は、谷間は職場でも有効だと考えています。レポートによれば、7人に1人はキャリアのために胸元を大きめに開けた経験があると認めました。さらに8％の女性は、胸元が大きく開いた服のおかげで駐禁の罰金を払わずにすんだと答えています。あなたもこの武器を使っていますか？」

www.chatelaine.com　2012年4月6日

大事なプレゼンだから、この前のパーティで着たかわいいワンピを着ようと思うの。

超ミニでシースルーのやつ？　注目を浴びるのは間違いないね。

胸ばっかり注目されて、プレゼンは聞いてもらえないかも？

何言ってんの？　あんたのプレゼンなんか最初っから誰も聞いてないって。

いいえ、プレゼンを聞いてくれる人はちゃんといます！　卑下してはいけません――入念に準備してきたプレゼンを堂々と発表する女性がどれほどの存在感を持つことか。聞き手はちゃんと耳を傾けますし、それと同時に、しっかり見ています。

たいていの人は聞くと同時に見ることができますから、耳に届けるメッセージと目に届けるメッセージをぜひ一致させなくては。メロディと歌詞を合わせるようなものだと考えてください。重苦しい陰気なメロディで、明るく楽しい歌詞が伝わると思いますか？　それと同じように、「わたしは今夜、男とヤるつもりです」みたいな服装で、ビジネスの月間売上高推移についてプレゼンをするのがふさわしいでしょうか。

相手が「見る」と「聞く」とを同時にしているといっても、本当に重視してほしいのは外見ではなく話の内容です。ですから外見がメッセージより目立ってしまうのは好ましくありません。ダサい格好をしろというわけではないのです。ただ、内面からにじみ出る自信と、イベントや社風に沿った服装で見せる魅力のほうが、セクシーな格好よりずっと素敵です。

面接、大事なプレゼン、初出勤日……。他人から注目される場面の服装を考えるにあたっては、次のポイントを参考にしてください。

1 自信を持って落ち着いていられる服装をすること。ふだんハイヒールやスカートを履かないなら、わざわざ買うことはありません。ずっとそわそわしっぱなしで、転ばないかどうか、そればかり気になってしまいます。

2 特に面接では「少しだけファッショナブルに」。ジーンズがあたりまえの社風なら、きれいめのパンツにスポーティなジャケットと、少し甘めのブラウスを合わせるとか。ビジネスカジュアルが主流の会社なら、Tシャツにパンツスーツで、ややフォーマルに傾けます。

3 「ファッショナブルに」といっても、クラブに行くわけではありません。短くてぴったりしたワンピースにピンヒールを合わせたあなたは息をのむほどゴージャスかもしれませんが、『ヴォーグ』誌編集部の面接に行くのでない限り、それはやりすぎです。

４ディテールが大事。きちんと処理をしたネイル、整ったヘアスタイル、品のいいアクセサリー、すり減ったり泥がついたりしていない靴で。

昔、人気番組『サタデーナイト・ライブ』のコメディコーナーで、俳優のビリー・クリスタルがこう言っていました。「見た目が良ければ気分も最高！」

面接やプレゼンでは予想外の出来事も起こるもの。だからこそ、自分でコントロールできる部分は、きっちり自分に有利になるように整えておきましょう。

で、わたしの格好、どう？

ストレッチ素材のコットンワンピね。ぴったりしすぎず。

ヒールはちょうど脚がきれいに見える高さ。ヘアスタイルはゆるめのポニーテール。

いいんじゃない？　ばっちりいい印象って感じ。

ところで。

管理職に就く人は、ほぼ例外なく、社員の服装について注意するのが苦手です。服装は個人の選択だと思っていますし、そういうことはあれこれ言うべきではないと意識しているからです。でも、服のせいであなた自身を見てもらえないのだとしたら、その格好は足を引っ張っています。そういうことは上司に注意させず、自分で気づくようにしましょう。

鏡よ鏡……（今回は文字通り鏡を見ながら）

・自分にとって一番しっくりくる服装は？
・人の服装の細かいところに気づくほう？　自分自身については？
・過去に良い印象を与えられた場面を思い浮かべてみましょう（プレゼン、面接など）。そのとき、何を着ていた？
・オフィスファッションのお手本にしたい人は誰？

Myth 23

プレゼンはアドリブ力で！……という嘘

プレゼンはセレンディピティを招く大きなチャンスです。
あなたは舞台に立つ主演女優。
さあ、思いっきり才能を発揮しましょう。

大切なプレゼン

まず、上司の服を全部脱がせて、それから全身にピーナツバターを塗る。

それで？

腕と足を縛って、動けないようにする。

それで!?

部屋に犬を2匹、放り込もうか。

何それ！　超ウケるんですけど（笑）

上司が全身にピーナツバターを塗られて、拘束されて、犬に全身なめられまくる光景を想像したこと、あります？

ないですよね、もちろん。

でも、すごく重要で大きなプレゼンに臨むときは、こういうイメージを頭の中に浮かべておくといいのかも。お酒以外の手段で緊張をほぐして、心の中で笑顔になれるようにしておく、という意味です。ストレスで泣いたり吐いたりするんじゃなく、スーパースターになったように堂々としましょう。このプレゼンがキャリアのターニングポイントになるかもしれないのですから。

セレンディピティを自分で招く――あなたにできること

オバマ大統領の例を考えてみてください。イリノイ州から選出された比較的無名の議員だった彼は、愛国心を、希望を、そしてごくふつうの夢を信じる気持ちを、熱い言葉で語りました。大事なのは民主か共和かではなく、黒人か白人かでもなく、金持ちか貧乏かでもない。一人一人がこの国を支えているのだ、どんな夢でもきっと叶うと誰もが信じてきたはずじゃないか――というメッセージを、わたしたちの心に響かせました。

彼が壇上に立ち、あの「大切なプレゼン」をしたとき、世界に変化が起こったのです。

あなたがするプレゼンの一つ一つも、あなたが輝くための大切なチャンスです。全員の目が集まります。その場所を、その数分間を、その議題を、あなたが握るのです。聞き手が何人でも、プレゼンタイムが何分でも、すべてがあなたにかかっています。では、どうやってその瞬間をつかんで、ベストを発揮すればいいでしょうか。

１ オーディエンスのことを知っておく

あなたは誰に対してプレゼンをするのですか？　相手は何を期待しているのでしょう？　参加者の中で一番役職の高い人のことから把握するようにしてください。その人はこの会議で何を得たいと思っているでしょうか。会議が終わったとき、「あの子はちゃんとわかってるようね。この会社でもっと活躍するポテンシャルがありそうだわ」と思ってもらうためには、どうすればいいか考えましょう。

２ 重要ポイントのアウトラインを作っておく

大事な主張を強く打ち出したいなら、アウトラインを作ること。それがあればテーマや資料を把握していられますし、焦点をブレさせず整理した状態でプレゼンに臨むことができます。本番中に、次の流れを思い出すヒントにもなります。

３ ストーリーを作る

どんな話題にも必ずストーリーがあるものです。分析結果を報告するだけだとしても、数字を羅列して終わりではなく、数字の背後にあるストーリーを語りましょう。スライドを読み上げるだけではオーディエンスの心はつかめません。読むだけなら、みんな自分で読めるのです。見せる資料に、語るストーリーを加え、あなたの考察を説明しましょう。

4 伝えたいポイントを事実情報で裏づける

人の心理や気持ちが会社を動かすこともあります。現実というより意見にすぎない確信が長く社内で受け継がれているとすれば、そこに気持ちの要素もくっついているのです。そのせいで間違った判断が下されることは少なくありません。もちろん誰にだって個人的な意見はあるでしょう。そして一般的に若手の意見は社内で重みを持たないものです。でも、事実を語れば、そこには重みがあります。心理的な反発を鎮める力がありますし、事実そのものは否定できません。事実を示すことで、あなたがしっかり準備してきたことを見せましょう。

5 割り当てられた時間に収める

10分間与えられたなら、9分で終わらせましょう。原則としてプレゼンスライド1枚にかける時間は1分にするのが妥当です。決められた時間内で収めれば、しっかり組み立てて準備してきたという印象を与えられます。プレゼンの中身がどんなにパワフルでも、制限時間を守ることはいつでも（本当に！）大切なのです。会議後に子どもを迎えに行く予定の人がいるかもしれません。次の会議が詰まっているかもしれません。仕事終わりの一杯を待ち望んでいるかもしれません。いずれにせよ、誰かの予定を遅れさせるのは好ましくないですよね。正確に時間を守って、ひと呼吸入れる余裕も残しておきましょう。質問の時間もとれるとなおよいです。質問をしてもらえたら、それはプレゼンの内容に興味を持ってもらえたという意味になります。

6　視覚素材や文章はオーディエンスに合わせて

わたしがマーケティング部で仕事を始めたばかりの頃、プレゼンではたくさん写真を使って視覚的に訴える資料を作成していました。その後、キャリアもだいぶ進んだ頃に、会社の最重要プロジェクトを任されたことがありました。流通システム全体を作り変えるプロジェクトです。

その初期段階で業務部門のシニア・バイスプレジデントにプレゼンをしました。内容はよかったのですが、わたしはつい、マーケティング畑で培った経験から、資料の全ページに会社のシンボルキャラクターのイラストを入れてしまったのです。かわいいチーターがトラックを運転したり、手押し車を押したり、倉庫を片づけたり。ところが現場主義ばりばりの男性幹部は、無慈悲なくらい正直に、きっぱり言ってくれました。

「どのページにも橙色のチーターがでかでかと出てくるせいで、中身なんか頭に入りゃしない」

このプレゼンにキャラクターの出番はなかったのです。チーターには引っ込んでもらって、説得力あるデータだけを提示すべきでした。遊び心は、あくまで二の次だったのです。

7 とにかく練習、練習、練習

声に出して鏡の前で練習すること。内容を暗記したら、車の中や、料理中や、シャワーを浴びながらでもそらんじてみましょう。わたしの知る限り、アドリブが得意だという人はほとんどいません。ちゃんと練習してきぱきとこなせれば、プレゼンだけでいっぱいいっぱいにならず、質疑応答の時間でもあなたの実力を発揮できます。アドリブだとわたわたしてしまって、余計な時間を食います。余計な時間を食うと、準備不足という印象を与えます。ですから、自分の言いたいことをきっちり把握したら、あとはとにかく練習してください！

8 質問に備えておくこと。ただし、答えがわからないときは、絶対に知ったかぶりをしないこと

もちろん、どんなときでもすぱっと答えを言えたほうがいいに決まっています。だからといってすべてを知っているというわけにはいきません。あらゆる質問に備えておこうとするのは時間のムダです――なぜなら、あらゆる質問を想定することなどできないのですから。それに、経理部の意地悪な上司が何をつついてくるか、ずっと想像しているのはストレスばかりがたまりますよね。わからなければわからないと言って大丈夫。会議のあとで直接フォローをすればいいのです。知ったかぶりをして、その場で誰かに指摘されてぼろが出たら、目も当てられません！　経験したわたしが言っているのですから、本当ですよ。

あのときの顔！　真っ赤だったよね！

もう、うるさいな。

9 オーディエンスの反応やボディランゲージを読む

反応を見て調整することも忘れずに。プレゼン中はついつい没頭して、オーディエンスのことを忘れやすいのです。目の前にいる人たちは熱心に聞いてくれているでしょうか。興味を持っているでしょうか。それとも手元のｉＰｈｏｎｅに目を落として、椅子の上で身体をもぞもぞさせて、時計をチェックしているでしょうか。

人の心をつかむには、一方的に話すよりも、対話形式にするのが効果的です。わたしの場合、意識が離れているなと思ったら、「質問はありませんか」と声をかけます。問いかけの言葉で注意をこっちへ呼ぶのです。とはいえ、細部をくどくど話しすぎても、相手の関心を失ってしまいます。誰に対して何をプレゼンするか把握していれば、話の進め方をそれに合わせて調整する（事前に、そして最中に）ことも可能です。

10 会議後にすみやかにフォローアップを

このあとの手順や責任者の情報を含めた簡潔なまとめを後送します。長々と説明する必要はありません。キーポイントを取り上げて、具体的な作業やスケジュールとともに整理しましょう。オーディエンスから出た意見はきちんと反映させます。

11 プレゼンの一回一回が、自分の実力を示すチャンスだと考えること

その場にいる全員があなたのことを見るのです。ぜひベストを尽くしてください。社内での評判が得られますし、何より自信になります。

すっぱだかにしたボスのイメージが頭から離れないんですけど。

ある意味、男として一番大事なモノをプレゼンするわけだよね（笑）

鏡よ鏡……

・子どもの頃や学生時代は、人前に立つのは好きだった？　嫌いだった？
・リラックスして臨むコツは何だった？
・これまで、公衆の面前で起こった最悪の出来事は？
・公衆の面前で起こる「かもしれない」最悪の出来事は何だと思う？　最高の出来事は？

胸を張れる明日のために　その４の１

大切なプレゼンのためのイメージトレーニング

取締役の前でプレゼンをするとなれば、当然、緊張します。会議室は内装も豪華で、椅子も立派。そんな場所で、会社のお偉いさん全員の前で、あなたの大切なプレゼンをするのです。

大丈夫。何しろあなたはきっちり準備ができています。

資料の内容は完璧に頭に入っています。
そのテーマに関してはあなたが専門家です。
何度も練習したので、スライドをめくる手順もばっちりです。
会議室にも早めに到着して、機材のテストも済ませてあります。技術的なトラブルが起こらないよう確認してあります。服装も、あなたを知的で自信ありげに見せてくれます。

自己紹介もしっかり済ませます。最初の１分の緊張が過ぎれば、そのあとはスムーズに行くはずです。室内にいる全員と目を合わせます。少なくとも、あなたと目が合ったと全員に思わせます。

質問されて、答えがわからなくても、あなたは怯えません。「のちほど調べてご報告します」と言っても大丈夫だと心得ています。

さあ、深呼吸をしましょう。

そして堂々とした足取りで会議室に入ります。

そこにいるお偉いさん全員がパンツ一丁だと想像しましょう！

ね、大丈夫そうでしょう？

Myth 24

準備していれば大丈夫……という嘘

何事にもサプライズの芽はひそんでいます。
そしてサプライズは、たいてい、まずい展開で起こるのです。

不意打ちは起こる

想像してみてください。時代は古代ローマ。剣闘士《グラディエーター》のあなたは、今まさに闘技場に姿を現したところ。観覧席に詰めかけた人々はあなたのことなど別に心配していません。あなたの運命など気にもしていません。今からそこで繰り広げられる死闘に興奮したいだけなのです。でも、あなただってこの日のために訓練を積んできました。むざむざやられる気はありません。あなたの頭にあるのは甘美な勝利、そして絶賛の嵐だけです。

……ペプシコ幹部が勢ぞろいした会議室に立ったわたしは、まさしくそんな気持ちでした。炭酸飲料ブランド「マウンテンデュー」の年間計画について発表したときのことです。わたしのキャリアアップの決定打となるプレゼンで、失敗する可能性があるとは考えられませんでした。何しろこのブランドの売上を15％は伸ばせる見込みだったのです！　称賛の拍手が巻き起こるに決まっています。ほとんど無敵に近い自信に満ちあふれて、わたしは1枚目のスライドを提示しました。

ところが、2枚目のスライドに移る前に、上司の上司の上司がこう言い放ちました。

「そんな成長率で恥ずかしいと思わないのか？　この事業はもっと高い成果が出るはずだ。きみじゃ力不足だな。結果を出せる者と交代させる。今日この会議が終わったら、すぐにだ」

室内にいた全員——上司も、上司の上司も、そして上司の上司の上司だって、この発表内容がすでに承認済みのデータであることはわかっていたのです。ところが誰一人として、わたしをかばう言葉は一切発しようとしませんでした。

あいつら、いつから日和見主義者になったわけ？

これが大人の世界よ。

ショックでした。何がどうなったのか、さっぱり飲み込めませんでした。こんな強烈な不意打ちを食らって、しかも、このあとまだ50分のプレゼンを進めなければいけないなんて！

それでも、自分でもどうやったかわからないのですが、何とか落ち着いて発表を行うことができました。たくさんの質問を受けましたが、わたし個人の能力を疑問視する意見は、例の発言のあとは一度もありませんでした。最後のスライドを終え、堂々とした足取りのまま会議室を出ましたが、一番近くの階段の吹き抜けまで行って、そこでわたしは号泣しました。

完璧に準備してあったプレゼンに、スライド1枚目でケチをつけられたことが、悔しくてたまらなかったのです。全員の見ている前でこきおろされ、誰にも肩を持ってもらえず、自分には大事な場面でしっかり戦う力も強さもないと思わされたことが、悔しくて悔しくてたまらなかったのです。

スポーツジムに行き、服を脱いで熱いシャワーを浴びました。怒りも憤りもありましたが、心がかぶった泥を落としていくうちに、あの会議をムダにするもんかと思えてきました。わたしはきちんと部下の味方をする上司になろう、と決意したのです。

自分の部下が侮辱されているときに、そのまま傍観するようなまねは絶対にしない、と。

わたしは今もその決意を守っています。

実際のところ、例の幹部が仕切っている場面でわたしをかばうのは、誰にとっても危険なことでした。首をつっこめば飛び火して叩かれる可能性がありました。みんなそれを知っていたので、ピンチに陥ったわたしに手を差し出そうとしなかったのです。

あれは一種のテストだったのだと思います。そして、わたしはそのテストに合格しました。

マジで？　あんな体験をしてよかったってわけ？

そう、まじめな話、あれは大事なことだったのよ。

わたしが直面したのは、「ビジネスの世界で不測の出来事が起こったらどう対応するか」というレッスンだったのです。

不測の出来事は起こります。いろんなサプライズが生じます。あなたにも、必ずそれはやってくるのです。

だったらどうやって不意打ちに備えればいいの？——と思うかもしれませんが、備えるなんてしょせん無理なこと。不意に来るからこそ、不意打ちなのですから！　でも、不意打ちでつぶれないための心構えをしておくことは可能です。

1　個人攻撃と受け止めない

振り返ってみれば、あの幹部が言ったことはちっとも筋が通っていませんでした。何年も低迷していたブランドが15％も成長の兆しを見せたのに、それが許容できないなんて、どう考えてもおかしいです。プレゼン内容は事前にみんな承知していたのですから、藪から棒にダメ出しするのも不自然ですし、後任が簡単に見つかるわけもありません。あれはわたしがどうこうという問題ではなくて、彼個人が自分のパワーを見せつけたくて言ったことだったのです。

２　プロらしく対応する

落ち着いて、冷静に、おだやかに。カッとなって反応したり、思ったことをそのまま口に出したりするよりも、絶対にそのほうが勝利につながります。絶対にです。

あんたなんか大っ嫌い、この短小男！……とか、言ったらまずいかな？

３　予定通り進める

不意打ちが入る前まで、入念に準備したプレゼンを進めていたはずですよね。その地点に戻ってスピーチをきっちりやり抜きましょう。

４　個人攻撃と受け止めない

１番目のルールをまた繰り返すのは、これが本当に大事なことだからです。どうか忘れないでください。

短小……って、聞き流せるボスがいるとは思えないけど。

でもさ、痛いところを突かれたと思ったら、言い返せないかもよ。

鏡よ鏡……

- うれしくないサプライズの経験を思い出してみましょう。
- そのとき、どう対応した？
- そのサプライズがまた起こるとしたら、今ならどう対応する？

Myth 25

24時間対応はあたりまえ……という嘘

ＩＴがなければ生きていけない時代になりました。
今ではＩＴが生命を維持するへその緒のようにあなたをつないでいます。
でも、大事なのは使うこと。使われることではありません。

送信する前によく考えて

「よく考えろ！　誰かが命令口調のメールを送ってきたら、お前は腹が立つはずだ!!」

メールで怒鳴るのはやめてよ！

反対に、個人的な悩みを相談するメールに、そっけない一言しか返ってこないのも、傷つきますよね。あんたはＹＥＳとＮＯしか書けないのか、と思ってしまいます。

バカにされてる気がする……

わたしがカチンと来るのは、テキストメッセージで会話しているときに、相手にいきなり離脱されてしまうことです。向こうにとっては用件が済んでいるのかもしれませんが、「済んだ」と言ってくれなければ、それはわかりません。電話のガチャ切りみたいにサインオフするなんて、かんべんしてよ、と思います。

そういうことはビジネスの世界でわりと起こりやすいのです。会っているときは物腰やわらかな人でも、ビジネスメールになると、急にぞんざいになることがあります。そもそも隣の席から声もかけずにメールで用件を突きつけてくるとか。立ち上がって話しかければそれで済むはずなのに!

実はわたしは電話が苦手なので、メールやテキストメッセージを使えるのはありがたいと思っています。ツイッター、フェイスブック、ピンタレスト、ユーチューブ……どれも素晴らしいコミュニケーション手段ですよね。すぐに相手に届きますし、いっぺんにいくつもの用事をこなせます。

でも、それをビジネスの世界で使いこなすにあたっては、いくつかルールがあるもの。わたしが大事だと思うコミュニケーションのルールを紹介します。

1 あなたは奴隷じゃない

映画『プラダを着た悪魔』に出てきた鬼編集長の部下なら、24時間いつでも連絡がつくようにしておくのは業務の一つ。でも、ありがたいことにほとんどの仕事はそうではありません。どんな仕事にも繁忙期と閑散期があります。時期によるのかもしれませんし、トレンドによるのかもしれません。わたしの部下なら、取締役会にプレゼンを行う時期とか、大型の株主総会の時期には、連絡がつきやすい状態でいてもらう必要があります。

でも、仮にあなたが、テキストメッセージやメールを受信して数秒以内に返信を書くタイプだとしたら、「いつでも即座に返事をする」という期待ができあがってしまうでしょう（わたしはまさにそんな期待を作り出してしまいました。わたしが24時間以内に返信しなかったら、きっと親友たちが捜索願を出すと思います）。

仕事にはきちんと対応するとしても、誰かに奴隷扱いされるのは、誰だって嫌なものです。コミュニケーションのルールを改めるには、転職したときが一番いいタイミング。メールやテキストメッセージのチェックは好きなときにしてかまいませんが、緊急でない限り、返信は2時間ほどあとにする癖をつけてください。そうやって連絡のペースをあなたが作るのです。状況は把握しつつ、自分がいつでも連絡に応じる人間だとは思わせません。

別の作戦として、すごく緊急の用事だけテキストメッセージで送ってもらうことにするのもいいでしょう。じっくり検討すべき要件はメールで。そうやって区別するのです。

2「そのように記され、そのままに行われた」

チャールトン・ヘストンとユル・ブリンナーの映画『十戒』に出てきた台詞だと思います。とても気に入っているのですが、現代風に言い換えると、こういうことではないでしょうか。

「人に知られて困ることは文章にするな！」

何かを記せば、それは記録になります。メールなら転送や添付で広がっていくかもしれません。伝言ゲームと一緒で、伝わるたびにちょっとずつ何かが付け足されたり変わったりして、まるっきり違うメッセージになっていくこともあります。そしてあるとき、あなたが苦手に思う人物がそのメッセージの元をたどって、あなたが最初に悪口を言ったとつきとめるのです……。軽口を叩くなら、電話か、飲みの席にしておくこと。メールやテキストに残してはいけません。

3 送信前によく考える

怒りにかられて脊髄反射的にメールしてしまうことは、ときにはあるものだと思います。メールだと強いことも言えたりしますよね。自分の気持ちを表すのは正しいことだとわたしも思います。ですから書いてしまいましょう。胸のつかえをすっきりさせましょう。思い浮かんだ罵詈雑言を言葉にしてしまいましょう。そして、それを下書きのままにしておくこと。

1時間でも、1日でも、気持ちが鎮まるまで待ってください。それから読み直して、相手に面と向かって言えないかどうか考えてみましょう。否定的な意見は、仕事として顔を合わせて言ったほうがよいこともあります。そのほうが自分もトゲトゲしくなりにくいですし、何より、罵詈雑言のメールが社内中に転送されることはありません。

４ ポジティブなコミュニケーションはオープンに

良いことは積極的に伝えましょう。こっそりではなく、堂々と。ネガティブな意見をメールで言わないほうがいいということは、裏を返すと、ポジティブな意見は転送されて広まっていいように伝えるべきなのです。

５ 上司に見られたくないことをフェイスブックに載せない（合法的なことでも）

これは注意が必要です。ＳＮＳがなかった時代は、プライベートの生活を切り離しておくことができました（ドラマを観ていると、そういう昔の時代がうらやましくなります！）。でも今は、あなたのフェイスブック・ページは上司に知られているかもしれません。ビーチでのヌード写真とか、ゆうべ一緒に飲んだ男性へのメッセージとか、会社の関係者が読むかもしれないのです。それがプライバシーかどうかは、人によって判断が違うでしょうね。

上司や同僚に、あなたはどう見られたいのでしょう？　将来の転職先の上司に、どう見られたいのでしょう？　このご時世ですから、採用を決める前にネットでリサーチするに決まっています。ＳＮＳには充分に気をつけて、秘密のお楽しみの写真には非公開設定を忘れずに。よろしくないことにはタグはつけず、胸を張って見せられる内容だけを公開にしましょう。

うちの上司はフェイスブックなんかやってるわけないよ。

あんたがそう思ってるだけでしょ。

6　会議ではマナーモードに

会議（ディナーでも）で誰かの着信音やアラームが鳴るのは、本当に気に障るものです。人と一緒にいるときは、その場に集中するべきではないでしょうか。医師など、緊急の連絡に対応しなければならない職業はもちろん別ですが、一緒にいる相手への敬意として携帯電話をマナーにできないことのほうが不思議です。

もし、どうしても理由があってオンにしておかなければならないなら（大事な取引の連絡を待っているとか、子どもが学校で病気になって迎えに行かなければならないとか）、それを相手にきちんと説明しましょう。

人と会っているときにメールやテキストメッセージを打つのも、同じくらい失礼な態度だと思います。自分が会議の進行役になったとき、参加者全員がデバイスに目を落としている光景を想像してみてください。

一番いいのは、会議などに行くときは携帯電話を置いていくこと。そうすればチラ見したい誘惑にかられません。

鏡よ鏡……

・送ったメールを後悔した経験は？
・メールやテキストメッセージのときと、直接会っているときで、違う対応をしてしまうことはある？　それはどうして？
・メール、テキストメッセージ、フェイスブックについつい没頭してしまった経験は？
・24時間対応してなきゃ仕事を失う——と思ってる？

Myth 26

会社を出たら仕事とは無関係……という嘘

これは正しい発言に聞こえますね。
特に、3杯目のテキーラを飲んでしまったあとなら、そう言いたくなってきます。

お酒の入る場の楽しみ方には、要注意

ルール430：「弱めのフルーツ系カクテルでも、お酒1杯とカウントすること」
ルール431：「フルーツカクテル14杯なら、それはお酒14杯とカウントすること」
『Esquire』誌「ホリデーシーズンのお酒の飲み方　新ルール」（2012年）

1杯目を急いで飲みすぎてしまったかもしれません。何のお酒だったかもうわからないけれど、フルーツが入ったかわいいやつ。とりあえず2杯目を飲みはじめながら、そういえば空きっ腹だったと

思い出します。でも、そんなこと、別にたいしたことではありません。目の前には豪華なビュッフェが並んでいるのですから。寿司でもカニでも食べ放題、カクテルだってよりどりみどり。会場も映画のセットみたい。ＤＪの選曲もなかなか。業績が良かったおかげで、会社はずいぶん豪華な忘年会を開いたようです！

細いヒールにリトル・ブラック・ドレスという格好のあなたは、かなり気分が良くなっています。周囲も思い思いに楽しんでいる様子。マーケティング部の部長がすでにかなりできあがっていて、経理部の部長をダンスフロアに引きずり出していくのが目に入ります。

会社の世界って、思ってたよりずっと学生時代に近いのかも！

この服、前に着たときのこと覚えてる？ 大学のときだよ。かわいい年下男子をつかまえたんだよね。

木陰でこそこそして、枝に引っかけてダメにしたんじゃなかったっけ。

大丈夫。着てた時間は短かったからね♥

会社の宴会に参加するのは、あなたはこれが初めてです。オフィス以外で職場仲間の様子を見るのも初めて。上司が取り巻きたちに囲まれて、ご機嫌にしているのが見えます。

わたしも話しかけたほうがいい?

まだ早いよ。ゴマすりはいつでもできるじゃん。

こういう場では、いつもと違うことも少しばかり起こるようです。向こうにいる営業部の彼、顧客サービス部の彼女と、ちょっとくっつきすぎじゃない? お尻触ったように見えたけど、カクテル飲み過ぎて見間違えた? そういえばさっき、技術部のチーフが通りがかりざまに、こっちの腰に腕をまわして「きみのことをもっと知りたいんだ」とかなんとか言ったけど、それも聞き間違いかしら? いつもオフィスでじろじろ見てるから、ここで2人きりにならないように気をつけないと。全員がふだんよりちょっとだけ開放的。あなたもかなり気分が良くなっています。さて、あなたはここでどう振る舞うべきでしょうか。会社の宴会は業務の一環なのでしょうか?

もちろんそうです。絶対的にそうです。これは仕事。忘れないで。

驚くことに、それを忘れる人が本当に多いのです。別に神経を研ぎ澄ませてピリピリしていろというわけではありません。職場でしっかり実力を発揮しているあなたは、こういう社交の場でもきちんと魅力を出せるはず。でも、いくつか覚えておいてほしい注意点があります。

評判に傷がつくことは絶対にしない

あなたが富豪になっても貧乏になっても、苦しい時期も順調な時期も、結婚しても独身でも、あなたの所有物の中で何よりも大切なもの――それは、あなたの評判です。

人からこんなふうに思われる自分でありたい、という姿は是が非でも守らなくては。「はしゃいではならぬ」という意味ではないのです。ただ、上司や同僚が見ている前で開放的になるのは、少し注意しなければいけません。

一つ例を紹介しましょう。正直に言うと、わたしがやらかした「例」はいろいろあるのですが、これは話しても大丈夫なほうです。オロウィーツというパンのブランドを担当していた時期のこと。地域担当部長とそのチームが集まる研修合宿に参加することになりました。研修開始の挨拶として、みんなの意欲をぐっと高めるスピーチをしました。

わたしのキャリアの中でも最高と言える熱いスピーチだったと思います。その後、団結を深めるためのイベントをこなし、最後に夕食会となりました。あの研修から数年たった今、わたしの最高の演説を聞いた参加者たちの記憶に残ってるのは何だと思います？　**わたしがイタリア産のリキュールをショットで次々あおってる姿**、だそうです。

フェイスブックがない時代でよかったよね。

でも、みんなの記憶には今もはっきり刻まれてるらしいよ。

この程度の「やらかし」なら、それほどの悪事ではありません。はしたない格好をしたわけではありませんし、言ってはいけないことを口に出したわけでもありませんし、マイク・タイソンの虎を盗んだわけでもなさそうですし（映画『ハングオーバー！　消えた花ムコと史上最悪の二日酔い』を観た人ならわかりますよね）。

でも、上には上がいました。別の研修で、ある上級幹部が研修でテキーラを6杯あおって、ひどいカラオケを披露して、最後はエレベーターの中であらかた吐きちらかしたのです。わたしだけでなく、何人も人がいる前で。こんな醜態を見て（嗅いで）しまったわたしたちが、その後、彼の発言に畏敬の念を抱けたと思います？

別に堅いことを言いたいわけではないのです。パーティを満喫してかまわない場面もたくさんあるのですから。でも、少しばかりハメを外すときは、誰が見ているかよく考えてください。

たとえば、わたしがまだ若手だった頃の話ですが、まるでパーティのために生まれてきたかのような女性社員がいました。マーケティング部に所属していた彼女は、とてもお酒に強くて、ダンスも好きで、パーティの中心になって盛り上げるタイプ。周囲を楽しませる才能があって、マーケティング部の宴会や飲み会では、水を得た魚のようでした。同年代の独身者ばかりだったので、学生時代のパーティとほとんど同じです。価値観も一緒で、まったく何も問題ありませんでした。

ところがその後、彼女は営業部に異動になります。そして部が開催する祝賀会に参加しました。たくさんのお酒と、ダンスと、交流があるという点では、マーケティング部の宴会と変わりません。違うのは、こちらは若手メンバーが主体ではなく、40代の営業マネジャーが中心だったことです。

全員が男性で、女性が加わる社交の場には慣れていません。既婚者で勤続年数も長く、男同士でストリップに行くことならなじみがあっても、同僚として女性と交流をあたためた経験などありませんでした。そんなところへ例の彼女が登場し、学生時代やマーケティング部の飲み会と同じノリではしゃいだのですから——もう大変。

彼女がきわどいダンスに引っ張り出した相手が、「誘われてる」と勘違いしないほうが無理というもの。セクシャル・ハラスメントというのは難しい問題ですから、これがセクハラに当たるかどうかは考え方によるかもしれません。

でも、このときは彼女が「そういう女」と認定されて、能力やスキルが過小評価されることとなったのです。祝賀会に居合わせた男性社員たちは、これ以降、業務の面で彼女と彼女の肩書に敬意を払わなくなりました。

ひどくない？

それが現実。

セレンディピティを自分で招く——あなたにできること

幸いなことに彼女はその後、相談相手に恵まれて、自分の行動がどう見られているか意見をもらうことができました。

アドバイスを真剣に受け止めた彼女は、すみやかに軌道修正を図りました。「そういう女」認定をしている男性社員たちに自分のビジネススキルを見てもらうよう、しっかり計画を練って努めました。楽しいことが好きな性格は変わったわけではありませんが、以前より慎重になったのです。

残念ながら、あのたった1回の印象が強烈すぎたせいで、挽回には相当の努力をしなければなりませんでした。ほかのことに使えたはずのエネルギーを、名誉回復のために消費してしまったというわけです。とはいえ、何とかイメージチェンジに成功した彼女は、そこからは誰にも足を引っ張られずにステップアップしていくことができたのでした。

そういうわけで——セクシーなリトル・ブラック・ドレスで宴会に出る前に、思い出してほしい注意点を紹介しておきます。

１ イベントでの行動は、仕事の延長

あなたがどのように交流し、どのように自分を制御しているか、周囲は見ています。

２ そのイベントの目的を理解する

仕事のあとに仲間内で飲みに行くのと、ＣＥＯが出席する大規模な懇親会とでは、決して同じではありません。仲間との飲み会ならはしゃいで楽しんでもかまいませんが、職務を背負ってイベントに参加するときは、立場をわきまえること。

３ 人の振る舞いをお手本にする

会社ごとに社風は異なります。ですから入社直後は周囲を観察しましょう。特に、尊敬されている人物の様子をよく観察してください。そのうえで、「もう完全に空気を読んだから大丈夫」と思い込まないこと。最初の数回は傍観者に徹するのがおすすめです。

４ 飲む量は自分でコントロールする

３杯飲むと自分語りが始まるタイプなら、２杯にとどめること。お酒とお酒の間に水を飲むのも忘れずに。

5 楽しんで、交流して、人と知り合って!

運動が好きとか、料理が得意とか、ペットがいるとか、ぜひお互いのことを知り合いましょう。仕事以外の面でも互いに好印象を抱けるなら、働きやすい職場になります。

仲間同士の家飲みのほうが、やっぱり好きだけどな。

鏡よ鏡……

- 初対面の人ばかりの場でも、なじめるタイプ?
- どんな要素があると、その場にもっとなじんでいられる?
- 宴会の中心にならないと気がすまないほう?
- プライベートの話を披露するのが好きなほう?
- 何杯くらい飲むと、心の声がつい口に出てくるようになる?

胸を張れる明日のために　その４の２

二日酔いと後悔は先に立たず

公園に大型犬をたくさん連れてきて、小型犬と一緒におしっこさせてもいいと思ってる人には、かなりイライラします。

言い換えれば「ちゃんと立場をわきまえて」ということ。幹部になったのに、仲間と一緒に飲み明かして、そこではバカなまねはしなかったとしても、二日酔いで翌日の会議に欠席するなんて言語道断です。前夜に楽しみすぎたせいで、遅刻したり、ぐったりしたまま出社したり、そもそも出社すらしないという部下が、わたしのチームにもときどきいます。会議の存在をなぜかさっぱり忘れてしまうらしいのです。

こういう行動をわたしが重大視する理由は……わたし自身に苦い経験があるから。

マーケティング・マネジャーになったばかりのわたしが、初めて、営業部やマーケティング部のシニアエグゼクティブが参加する研修合宿に行ったときのことです。夜の飲み会では男性たちに負けじとお酒を飲みました。わたしも幹部陣の仲間に入れたんだ、という気がしていたのです。その日は朝が早かったですし、翌日は研修最後のプログラムとして地元の食料雑貨店を視察することになっていましたが、それでもかなり遅くまでみんなで盛り上がりました。

ところが翌朝、わたしの目覚ましは鳴りませんでした。それどころか、朝8時、宿泊先のホテルロビーに全員が集まったとき、わたしだけがその場にいなかったのです。部屋にかかってきた電話に出た時点で、わたしはまだゆうべの服を全部着たまま、ベッドの上に転がっていたというわけ。歯を磨いて着替えてロビーに降りるまで、わずか5分という新記録を出したと思います。でも、6人のシニアエグゼクティブをロビーで待たせる図を想像してみてください――一番の新人（わたしのことです）に待たされるのですから、彼らの機嫌が良かったわけがありません。

しかも、それがこのエピソードの最悪なクライマックスではありませんでした（そうだったらよかったのですが）。わたしはすさまじい二日酔いで、その日の視察はサングラスをかけっぱなしで、移動する車の後部座席でぐったりしているはめになりました。話は聞いていましたが、吐かないようにするだけで精一杯。

こうしてわたしは、自分の能力を示すチャンスをムダにしてしまいました。お酒に強いことを示すより、そのほうがはるかに大事だったにもかかわらず！

Myth 27

オフィスラブ、してもいいよね……という嘘

別に止めてなんかいませんよ。ぜひがんばって。
ただし、ほんのちょっと、冷静に考えたあとにね。

同僚から特別な関係へ

少し前の章で紹介した、わたしを「おっぱいちゃん」と呼んだ男性社員のことを思い出してください（飛ばしてしまったなら、神話20に戻って読んでもらえるとうれしいです）。この章で説明するのは、彼、マイケルとわたしのその後の話です。

ビジネスカンファレンスに参加するため、マイケルも含むメンバーで出張したときのこと。気がついたら宿泊先のホテルの屋外ジャグジーで、深夜２時、わたしは彼と一緒でした。どういう展開でそうなったのかよく思い出せません。ただひたすら飲んで、笑っていました。最初は一緒に盛り上がっ

ていたチームメンバーも一人一人自分の部屋に戻っていきます。出張の目的はカンファレンスであって、それが翌朝8時からスタートすること、気合いを入れて臨まなければならないことを、みんなちゃんと覚えていたのです。

マイケルとわたしは、その「みんな」に入っていませんでした。わざと慎重さを捨てるときの、なんというか爽快感みたいなものは、あなたも知っているのではないでしょうか？　とはいえ、そんなふうに言うとわかってやっていたように聞こえるかもしれませんが、そうではありませんでした。単に若さとホルモンで暴走しただけ。ジャグジーを出たわたしたちは一緒に一つの部屋に入りました。

つまり、そういうわけです。

この話がちょっと厄介な理由は、例の「おっぱいちゃん」事件でわたしが彼の出世をつぶす結果になったあと、周囲はわたしたちのことを天敵同士だと見ていたからです。それなのにこんな関係になったなんて、人に知られたら恥ずかしくてやってられません。実際、翌朝に彼の部屋から自分の部屋に戻るときのわたしは、誰にも見られないようこそこそと移動しなければなりませんでした（会議には遅れずに出席しましたし、この件は誰にも気づかれませんでした）。

成人した独身の男女が合意のもとでしたことに問題があるのかと言えば、答えはＮＯです。人生や仕事には予期せぬ展開もあるのですから、別に驚くことでもありません。何しろ仕事で長い時間を過ごし、深夜も休日も、その相手のそばにいるわけです。当然、お互いの姿が何度も目に入りますし、同じ苦労を一緒に浴びるわけです。

一緒に浴びるのはシャワーでしょ。

社内に恋愛関係が生じることはめずらしくないので、会社側は一般的に、こうした事態をさほど重視しません。とりあえずオフィスの中ではいちゃつかないこと――仕事中に誰かがベタベタしているのを見たい人なんかいませんから。それ以外は、どうぞお好きなように。はっきり言って、あなたが誰と寝ようが、ほかの人にはどうでもいいことだからです。

ただし……あなたのキャリアを棒に振るかもしれないシナリオには、充分注意しなければなりません。たとえば上下関係に関わってくる場合。一番単純なシナリオとしては、２人が両方とも同じ上司の直属の部下というケースが考えられます。

少なくとも上司にとっては気詰まりです。特にどちらかの仕事ぶりに問題があった場合、「面倒だな」と思うでしょう。カップルになった２人のうち、どちらかを叱責したりクビにしたりしたら、もう片方が望ましくない反応を示さないとも限らないからです。

わたしとマイケルの場合は、同じ上司のもとで働いていたわけではありませんでしたが、同じ部署に属していました。ですから上層部は、わたしたちがつきあい出したあと、同じ上司の直属にしないよう意識的に操作していました。もちろん多少は面倒ですが、マネジメントしだいでどうにかなることです。大きな会社の大きな部署なら、それほどの大ナタをふるうというわけでもありません。

でも、もしわたしがマイケルの上司に昇進したとしたら？　こうなると会社にとっては頭の痛い問題です。理由は、上司は部下の仕事について客観的な判断を下さなければならない立場だから。部下と毎晩一緒に寝ていたとしたら、その部下について客観的な判断を下せるでしょうか。

わたしは絶対に大丈夫。

どうかな。

それでも、これくらいならまだ許容範囲。特にあなたが仕事できちんと結果を出しているなら、キャリアに支障が出ることはありません。わたしとマイケルの場合は、つきあって、結婚して、3年間は同じ職場で働いていましたが、その後マイケルのほうが起業するため退社しました。

会社にとって不都合があったとは思えません。マーケティング部はかなり人数が多かったので、そこに夫婦が共存していても、別にどうってことはなかったからです。もちろん組織の規模によっては面倒のタネになるかもしれません――その現実はわかっていてほしいと思います。

けれどまじめな話、本当に厳しいのは、あなた個人の人生に生じる影響なのです。最高に相性のいい相手と出会えたと思ってる最中は、当然ながら、それで何か影響が起こるなんて考えてもいないことでしょう。でも、わたしとマイケルの場合はどうだったでしょうか――わたしはその後ぐんぐんキャリアのはしごを昇っていきましたが、彼のほうは、明らかに足踏み状態のまま（それはわたしのせいでもあったわけですけど）。同じ部署にいる2人に、痛々しいほど明白な格差が生じたわけです。

毎日比較されるのは、２人の関係にとって負担でした。彼が会社に対して否定的な見方を強める一方、わたしは愛社精神を強めていきました。毎晩、自宅で一つのベッドに入ろうかというときに、彼は自分のキャリアと今後の方向性について苛立ちを見せていました。わたしは自分の成功を喜んでほしかったのですが、それは彼が成功していないことを強調するだけなので、共有できません。

そんな生活を3年間続けたあと、ようやく道が決まりました――わたしはこの会社での可能性を追求し、彼は別の方向を目指す、と。マイケルは退職と起業を選び、わたしは異動を願い出て、お互いに新しいスタートを切りました。２人にとって正しい判断ではありましたが、彼の自尊心にとっては、やはりつらいものがあったと思います。

わたしたちはこの一件では別れませんでした。ですから、これはわりと楽なシナリオだったのかもしれません。でも、似たような恋愛関係が生じて、それが破綻したとしたら、どうなるでしょうか。つきあっているときは大きな部署の小さな人間関係に思えても、別れたら、すごく狭い世界で顔をつき合わせている気分になるかもしれません。毎日そばにいて、昔のことを思い出すのは、本当につらいことだと思います。会議でも隣に座りながら、他人のふりをするしかないなんて。

彼のことなら何でも知っていたのにね。

それくらいなら、まだ何とかなるかもしれません。でも、彼が同じ部署の違う誰かとつきあいはじめたら？

そんなのみじめすぎる。

もしくは反対に、わたしが別の誰かとつきあいはじめたとしたら？　わたしが別の男といちゃつくのを、マイケルがずっと見ていると知っていて？

職場恋愛をするなとは言いません。ただ考えて、自分の立場をよく理解して、と言っているのです。仮に過去をやり直せるとしても、わたしがマイケルのいない人生を選ぶとは思えませんが、この人生を進むにあたってわたしはリスクもとったのです。

鏡よ鏡……

- 職場で恋愛関係になった経験はある？
- その関係はどうなった？
- また職場恋愛をすると思う？
- 同僚同士がつきあってるのを知ったら、自分はどう思う？

Myth 28

否定的なフィードバックは意地悪である……という嘘

乗り越えましょう。誰も完璧ではないのです。絶対に。

褒めてくれない人は敵？

「申し訳ないが、わたしを褒めたたえる声のほうが大きくて、きみの声は聞こえない」

SFドラマ『スタートレック』主人公　カーク船長の台詞

あなたの仕事ぶりについて改善を求めるフィードバックは、贈り物だと考えてください。

どでかい猫柄のセーターを贈られたみたいな?

激甘のフルーツ入りパウンドケーキを贈られたみたいな?

どんな人間にも改善の余地はあるものです。具体的な改善方法を指示されなかったとしたら、どう対応するかも含めて観察されているのでしょう。指示されたとしたら、あとはそれを受け入れて修正するか、しないか、二つに一つです。自分で修正できるなら、クビにはなりません。

わたしはいつもカジュアルでフレンドリーなスタイルで仕事をするのですが、フリトレー時代は、それでうまくいっていました。ところがニューヨークでペプシ社員として働くようになると、同じスタイルが裏目に出るようになりました。「カジュアルでフレンドリー」とは評価されず、プロらしくない、まじめではない、いささか頭が足りないと見られるようになったのです。

幸いなことに、この大きな組織の中には、原因を指摘してくれる人がいました——わたしのポテンシャルが隠れている（隠れるだけでなく、損なわれている）のはスタイルが社風に合わないせいだ、と。

もしもあのフィードバックをもらえていなかったとしたら、わたしはずっとざっくばらんな態度で、上層部からまともに取り合ってもらえずにいたでしょう。それでわたしが自分のやり方をすっかり変えたのかと言えば、答えはＮＯであり、少しだけＹＥＳでもあります。たしかに、上層部の前ではもう少しフォーマルな態度をとるようになりました。その一方で、毎日の交流の大半を占める同僚や部下の前では、わたしらしさを変えませんでした（神話11を参照してください）。改善しろと言われるのは耳が痛いものです。でも、少なくともわたしの場合、そのアドバイスは必須でした。キャリアを進めていきたいなら、その忠告を踏まえて改善していかなければならなかったのです。

フィードバックを受けたときのプロセス

1　客観的に聞く

ほかの人の話であるかのように聞いていれば、感情的にならずに受け止められます。

2　忘れないようにメモを取る

覚えていたいことだけを記憶するのではなく、全部を忘れないように。

3　言われたことをそのまま受け止める。議論をふっかけたり反抗したりしない

フィードバックをする側は、あなたについて、自分が貴重だと思う情報を提供しています。あなた

がそれを貴重だと思うかどうかは、話し合いが終わってから考えればいいことです。

4 質問をする、例を出してほしいと求める

質問をして例をたずねましょう。言い返すためではなく、明確にするために。具体的に理解できれば、上司の観点を飲み込むのも簡単になるからです。あなた自身、具体的に理解したいと思うはずです。

5 フォローアップ面談を申し込む

言われたことを自分の中で消化する時間をとってから、内容について話し合います。こうすれば生産的な方法で反応する機会が得られますし、上司の視点を理解したことが伝わります。

だけど、明らかに向こうが間違ってたら？

それでも上司は上司なの。

フィードバックを受けた日、帰宅してからのプロセス

1 まずはダーツの的に上司の顔写真を貼って、ぐさぐさに刺す！

2　WOW日記を出して、自分の好きなところを書き出していく

自分が最近とった正しい行動のこと、上司の悪口（女性上司のあごヒゲのこととか）、嫌いなところ、言ってやりたいこと。何でも好きなように書きましょう。

3　うっぷんを晴らす

親友と飲みに行って、どんなに不条理な言い方をされたかぶちまけましょう。思うぞんぶん自己弁護をしましょう。あなたがいつかボスになって、例の上司に「カフェラテを買ってきて。クリームとシュガーは倍ね」と言いつけて、気に入らないから4回買い直しをさせる場面を想像しましょう。

少しは気分良くなった？

うん……ありがと。

フィードバックを自分のために活かすには（これはまじめに）

1　自分の目指す方向を思い出す

あなたはキャリアでどこに向かおうとしているのでしょう？　最初にこの仕事をしたいと思った理由は何だったのでしょう？　フィードバックが成功への道のりに欠かせない要素なのだとすれば、ど

う取り込んでいけばいいでしょうか。そのフィードバックに従えば、自分の旅の支えになりそうですか？

2　大事なコメントを書き出す

言われた指摘の中に、何か一貫性はありましたか。直さなければならない点は、たくさんあったのでしょうか、それとも少しだった？　良い指摘と悪い指摘の両方を拾い出します。

3　上司が挙げた例をリストにしてみる

上司の視点で、そのシチュエーションについて考えてみましょう。ポイントが明確になるような例をほかにも思い浮かべてみましょう。それは自分がついやりがちなことでしょうか？

4　フィードバックの内容すべてを同じ重さで受け止めない

優先順位をつけること。比較的小さな誤りなのか、それとも、キャリアアップを阻む重大な問題なのか考えます。

5　すっかり改めたいのか、修正をしたいのか、それともそのままでいたいのか、自分の意思を見極める

決定権は自分のもとに置きます。これはとても大事なことです。改善を求めてきたのは自分より立場が上の人かもしれませんが、軌道修正をするのか、それとも無視して今のままのやり方を続けるの

か、決めるのは自分自身なのです。わたしの場合も、上層部への態度は改めましたが、部下との接し方は変えませんでした。

6 改善計画を立てて、今後の取り組みについて話し合う

上司にもよるかもしれませんが、改善計画を一緒に考えてもいいでしょう。

7 具体的な目標値を定めて、計画を実行する

踏まえていくべき目標のステップを、ＷＯＷ日記に書いていきましょう。

フィードバックをうまく受け止めることができれば、それはあなたのキャリアの助けにこそなれ、ダメージには決してなりません。そもそもフィードバックなんか全然してくれない上司もいます――その場合のあなたは、自分の立場を知らないままになってしまいます。

それに、上司はあなたのフィードバックの受け止め方を記憶に刻むでしょう。ですから、プロらしく、感情的にならずに、しっかりと対応しましょう。

いつかあなた自身がフィードバックをする立場になると考えてください（神話31を参照）。**復讐で刺すのは自宅のダーツでやってちょうだい、と思うはずです。**

鏡よ鏡……

・否定的なフィードバックをされた経験はある？
・それは自分にとって役に立った？
・否定的なフィードバックをしなければならなかった経験は？
・否定的なフィードバックをされたとき、今のあなたはとっさにどんな反応をしている？
・否定的なフィードバックは自分が成長するうえで助けになると思う？

5

責任が増えてきたら

昇進、指導、退職、解雇

あなたはもう新人ではありません。下っ端ではありません。
でも、まだ出世の有力候補というほどでもありません。

今はひたすら、歩きつづけましょう。
つかんだチャンスをしっかりつなぎましょう。

Myth 29

上司になったらすべては自分しだい……という嘘

部下を持つ立場になったときの最大の変化は、自分個人の視点ではなく、管理職としての視点から考えなければいけなくなることです。

もちろん、ずさんな管理職でいいと思うなら、どうでもいいことですけれど。

人の上に立つ働き方

「わたしのコーヒーが準備できてない理由があるの？　あの子が死んだとか？」

映画『プラダを着た悪魔』で、メリル・ストリープ演じるミランダの台詞

あなたは今日も同じ時間に目が覚めました。同じようにベッドを出て、同じように歯を磨いて。いつもの習慣、いつもの動作。でも何かが違うのです。

それもそのはず。今日は、あなたが部下を持つ立場になって初めての出勤日なのですから！

もー、めちゃめちゃ緊張する！　昨日までは同僚だった人たちに、今日からは命令するなんて！

偉くなったんだよ。楽しめばいいの。

でも、好かれる上司になりたいし。

無理だって。あんたはチャンスをつかんだけど、みんなはつかめなかったんだよ。おもしろくないに決まってるじゃん。腹をくくって、誰がボスか教えてやりなよ。

まずは、いつもお高くとまってるあの女に、コーヒー持ってこさせるとか。

みんながなりたがっていたポジションに、あなたが選ばれたのです。何をひけめに思う必要があるのでしょう。これまで死に物狂いでがんばってきたではありませんか。遅くまで残業して、週末も早朝も出勤して、飲み会もデートも二の次にして。連休明けに職場の女の子たちが日に焼けて出社してくるときにも、あなたは青白いぐったりした顔で、目の下にべったりクマを貼りつかせていました。でも、そのかいあって昇進したのです。勝ったのはあなたです。

あなたは優れた事業分析を作成して（自分の功績を謙遜する必要はありません）、それをリーダーにしっかりプレゼンしました。いつでも入念に準備し、計画も綿密に立て、それを営業チームに明確に伝えてきました。そのおかげで素晴らしい営業成績が出ています。どれもこれも、あなたのがんばりによって実現したことです。

あなたは昇進に値する能力と実績があるのです。上層部にも、同僚にも、そして新たに部下になった人たちにも、それを見せていけばいいだけのこと。

ただし、いくつか忘れてはいけない注意点があります。

まず、何よりも重要な点として、手に入った立場にあぐらをかいてはいけません。

つまりどういうこと？

油断するなってこと。まだ優勝が決まったわけじゃないんだよ。

組織というのは、社員の手柄はすぐに忘れ、悪いことだけ長く記憶に刻むものです。ですから努力をやめてはいけません。せっかく水準を上げてみせたのですから、今後も上げていきたいではありませんか。もちろん、あなたならそれができるはずです。

ぜひ覚えておいてください。オオカミが強いのは、群れで行動するから。別に誰もあなたをオオカミとは呼ばないかもしれませんが、部下ができたというのは、そういう強さを手に入れたということなのです。これからは一人で奮闘する必要はありません。部下になった人たちが、あなたとあなたのプロジェクトを成功させるために手を貸してくれます。

つまり、自分がますます輝いていきたいなら、同じように輝いている仲間にそばにいてもらうことが肝心となります。チームが高い評価を受ければ、それはあなたが高く評価されているということだからです。

一方で部下となる人たちも、あなたの下で働くのが自分にとって得になると思うからこそ、あなたの指示を聞いています。プロジェクトを成功させてあなたの実力を示そうというときは、**必ず、チームの実力も示すようにしてください。**手柄のすべてを自分の功績にしないこと。あなたはただ堂々としていましょう。そんな姿はとても格好よく、凛としていて、エグゼクティブらしく見えています。

そういえば昔、女性上司に手柄をすっかり奪われたことがあったね。

あれは汚いよね。

でも、ぼろが出た。CEOの質問に答えられなくて、わたしに頼らなくちゃならなかったから。30人くらいが見ている前で！

因果応報ってことよね。

優れたマネジャーの陰には必ず優れたチームがあります。だとすれば、どうやって優れたチームを作っていけばいいでしょうか。

最初にすべきことは、チームの今の力を診断すること。そうすれば強い部分を伸ばしつつ、弱い部分は補強していくことができます。それが優れたチーム開発の基本アプローチです。わたしは「ウィル&スキル診断」と呼んでいます。

・ウィル（意欲）：仕事に対するチームの姿勢
・スキル：仕事の要件を実行するチームの能力

これを4つのエリアに分けて確認してみましょう。

第4エリア（高いスキル　高いウィル）

理想としては、いてほしいのはこの第4エリアに属する部下だけです。そうした部下なら、あれこれ指示を出さなくてもしっかり業務を実行する力があります。専門知識と技術があり、成績も立派。しかも意欲にもあふれています。

一緒に働きたいと思うのはこんなタイプですよね。彼らは仕事で生じるストレスのことも心得ているので、プロ意識を持ってきちんとストレスにも対処します。簡単に言えば、やることはちゃんとや

第2エリア 高いスキル 低いウィル	第4エリア 高いスキル 高いウィル
第1エリア 低いスキル 低いウィル	第3エリア 低いスキル 高いウィル

る人たちなのです。わたしたちはそれぞれに高いスキルと高い意欲を持っているべきですが、そんな人がチームに何人もいれば、まさに怖いものなしと言えるでしょう。

そんな完璧な人、ほんとにいるのかな。

いるはいるけど、希少生物だよね。

第３エリア（低いスキル　高いウィル）

とはいえ、志はあるとしても、働く人のほとんどは（あなたも含めて）最初から高いスキルなど備えていないものです。プロとしての能力を培うには何年という時間と、多くの経験が必要になります。それは悪いことではありませんが、だからこそチームの現状を診断し、具体的な成長計画を立てることが重要となってきます。

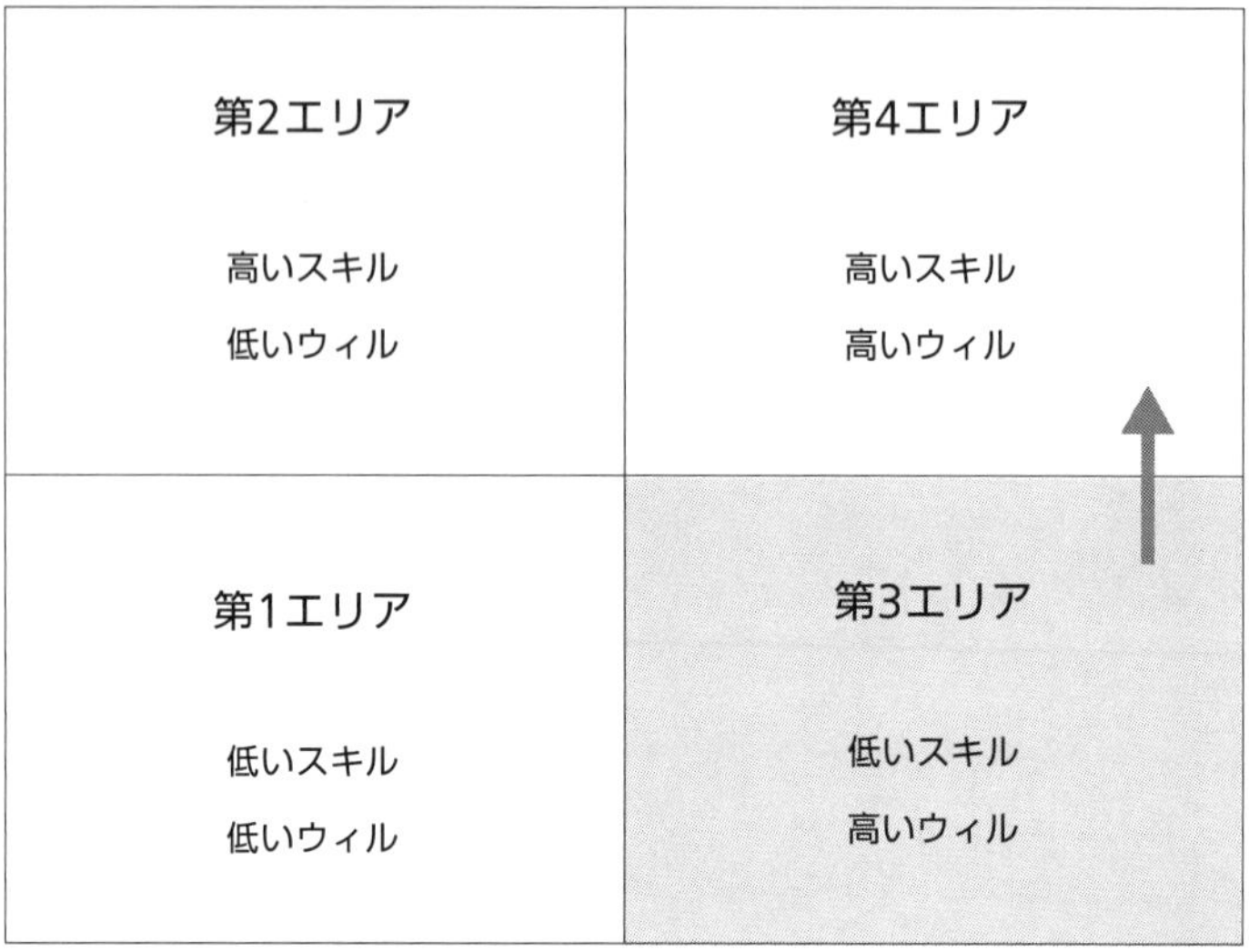

仕事のスキルは教えて伸ばすことが可能です。今は抜群に高いスキルがなくても、第3エリアに属するならば、わたしはその人を採用したいと思います。実力をつけて高めようという意欲があるからです。たいてい「やればできる」という態度で、能力の不足を前向きに補っています。

もっと学ぼう、もっと伸びようとする知的好奇心を備え、野心とやる気にあふれている若手と働くのは、本当にうれしいものです。今は第3エリアに属していても、本人に高い意欲があり、こちらがスキルを伸ばすサポートをすれば、その人は第4エリアに移っていくでしょう。

第2エリア（高いスキル　低いウィル）

第2エリアは少し厄介。イライラさせられますが、彼らなしでは仕事が回りません。この人たちは実力だけでずっとやってきました。長年その業

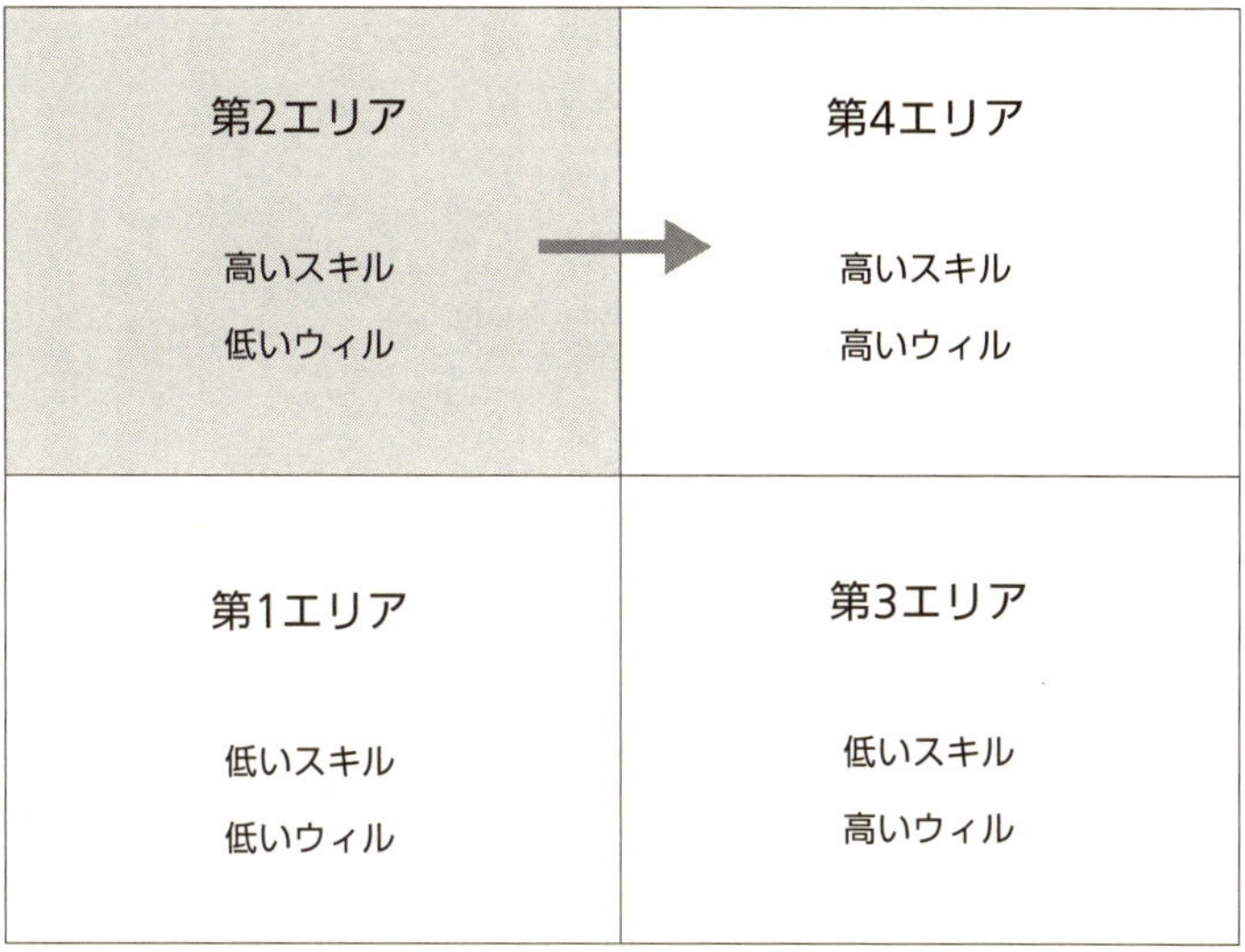

務に対応してきたので、すべてに精通しています。誰も知らないようなことまで熟知しているのです。彼らが辞めたらビジネスの回し方を知る者がいなくなって、会社が傾くのではないかと思えてしまいます。

　そこが第２エリアの人々の困ったところなのです。彼らは、自分たちが重要な存在であるとわかっています。そしてしょっちゅう冷笑的な態度をとり（「ああ、それですね。前にやりました」というふうに）、職場に負のオーラを投げかけるのです。

結果を出してれば、
どんな態度でもいいってこと？

　この手の人たちは、たいてい、会社になくてはならない技術的な腕を持っています。専門知識があるので、態度が悪いのは許容されていますし、わざと足を引っ張るわけでもない限り、会社も彼らを手放しません。

勤続年数が長く、これまでにさまざまな上司が現れては去っていくのを見てきた彼らは、腹の底では「どうせこいつもすぐに消える」と思っています。しばらくすればまた次の上司が来て、自分はそこで生き延びていくと見切っているのです。

彼らだって優れた上司（あなたのことです！）のサポートを必要とするときはあるかもしれませんが、ぶっちゃけて言ってしまえば、結果が出せないならそんな態度の部下など不要です。

それを踏まえて、第１エリアの人たちについて考えてみましょう。

第１エリア（低いスキル　低いウィル）

第１エリアは最悪。能力も意欲もナイナイ尽くしの部下などいてほしくありません。このエリアに属す人たちは当然ながら結果が出せず、それがチーム全体の足を引っ張るのです。チームの最底辺に水準がそろってしまい、上司であるあなた自身の成績にも悪影響を及ぼします。

文句をたれるばかりで結果を出さない人材に用はありません。記録をつけ、去ってもらう方法を考えて、あなたとあなたのチームがしっかり能力を発揮できるようにしましょう。

セレンディピティを自分で招く――台無しにするのも自分しだい

第１エリアにいる人々は、本人が出世できないだけでなく、放っておけばあなたまで引きずりおろ

第2エリア 高いスキル 低いウィル	第4エリア 高いスキル 高いウィル
第1エリア 低いスキル 低いウィル	第3エリア 低いスキル 高いウィル

してしまいます。

わたしがフリトレーでダラス地区を統括していたとき、結果を出せず勤務態度も悪い地区マネジャーがいました。交代させるべきだとわかっていたのですが、わたしは何となくそのままにしていました。彼は勤続年数が長かったので、そのうち態度を改めてくれるだろう、と言い訳をつけていたのです。わたしがポジティブなリーダーとして彼を導いていれば、きっと結果を出すようになってくれる、と（そうです、自分の力を買いかぶっていました）。

ところが残念なことに、彼は腐ったミカンかもしれないという直感は、嫌になるくらい当たっていました。彼の担当地域で労働組合を結成する動きが起こったのです。フリトレーにおいては、これはマネジャー失格という烙印を押されたに等しいことでした。わたしは彼を解雇して、２カ月をかけて、社員の不満を鎮めました。最終的には解決したのですが、監督下でこうした事態を引き起こしたわたしの能力が疑問視される結果に。上層部からの評価は急落し、結局はそれから数カ月後、わたしはフリトレーを退社していくこととなりました。

鏡よ鏡……

- あなた自身はどのエリアに属する？
- あなたが思う「自分のエリア」は、上司から見た「あなたのエリア」と一致していると思う？
- スキルを伸ばすためには何ができる？
- 業務態度を改善するために何ができる？

胸を張れる明日のために　その5の1

新米上司のベストプラクティス

初めて部下を持つ立場になったときでも、新しい部下と新しい業務に臨むときでも、頭の隅に置いておいてほしいヒントがあります。

・チームとの初対面の場では、自分が話すより、相手の話を聞くことに努める
　チームメンバーに、それぞれの担当範囲や役割について話してもらいましょう。

・仕事における好きな部分を聞く
　何が好きか、何を得意かたずねることで、自分の立場を誇らしく思ってもらいます。

・チームが円滑に働けるよう、どんなサポートが必要かたずねる
　あなたがチームのために尽くすのだと伝えられれば、即座に団結力が生まれます。

・マネジメントスタイルを明確にする
　細部にこだわるタイプなのだとしたら、それを最初から伝えましょう。のちのちあなたが細かい部分をつついても、チームはそれで腹を立てません。わかっていることだからです。

・チームとビジョンを共有する
　あなた自身が上層部に対してどんな成果を約束したか、チームに説明しましょう。

Myth 30

リーダーは生まれながらにリーダー……という嘘

ネルソン・マンデラの遺伝子を受け継いで生まれてきたような人もいるかもしれません。でも、わたしたちのほとんどは、実践しながら学んでいかなければならないのです。

リーダーは、ハーメルンの笛吹き男？

「人がより大きな夢を見て、より多くを学び、より多く行動をして、より大きな人物となっていくように促せるとすれば、それがリーダーだ」

ジョン・クインシー・アダムズ（第6代アメリカ合衆国大統領）

あなたは生まれながらのリーダータイプでしょうか。それとも、学習してリーダーとなっていくタイプでしょうか。

優れたリーダーは舞台の中心に立つものでしょうか。それとも、舞台裏でひそかに采配するのが優れたリーダーでしょうか。

誰からも愛されるのがリーダーでしょうか。それとも、自分を憎む部下からも成果を引き出すのがリーダーでしょうか。

優れたリーダーシップを発揮するのに、運は必要なのでしょうか。

どの問いに対する答えも同じ。YES、その通り、正解です。

リーダーシップを発揮するというのは、笛を吹いたらみんながついてくるというほど簡単なものではないのです。実際はもっと複雑で、しかも、さまざまな形をとります。**シチュエーションによってふさわしいリーダーシップは異なってくる**ので、フレキシブルに能力を発揮しなければなりません。万能のやり方など存在しないのです。なかなか理解しにくいことですが、真のリーダーシップを発揮するために、あえて他人にリーダー役を任せなければならない場合もあります。

あなたもきっと優れたリーダーになります。その一方で、リーダー失格と言われる体験も、かなりの確率で味わうでしょう。人の上に立つというのはそういうことだからです。重要なのは、リーダーとしてうまくやれたときとその理由、うまくやれなかったときとその理由を、しっかり見極めていくこと。そうやって学習し、成長しつづけていきます。運に助けられる場面もあるので、それもしっかり自覚していかなければなりません。

わたしがゼネラルマネジャーとして、初めて業務全体を統括する立場になったのは、33歳のときのことです。マーケティング部から異動してそのポジションに就き、とても優秀なチームを引き継ぐことになりました。全員に高い専門知識があり、経験が豊富で、結果を出そうという強い意欲もありました。前任者がチームをそのように育てたのです。彼が基盤を作ってくれていたおかげで、わたしがそこからさらに伸ばしていくことが可能だったというわけでした。

ところが前任者は、素晴らしい功績を残すと同時に、かなり圧政的な職場環境を生み出していました。チームはがちがちに管理され、つねに過小評価されていました。目の前の業務に追い立てられるばかりで、本当のポテンシャルを発揮できていませんでした。

ボスが全部管理してるんだから、自分は手を出すべきじゃないって思っちゃうよね。

まさに、そういうこと。

そこへわたしが登場したわけです。それまではずっとマーケティング畑にいたので、営業という世界の経験は多くありませんでしたが、会社はわたしに期待を寄せていました。いつでもすみやかに順応し、結果を追求していくタイプであることを、それまでの実績で示していたからです。

わたしの胸には、会社に支持されているという自信と、経験のない業務を担当するという不安、その両方がうずまいていました。でも、一つだけ確信していたことがあります。**わたしはこのチームの**

中で専門知識と技術が一番劣っているのだ、ということです。新しい役割にマーケティング分野との接点はありません。営業、運営、製造に主眼を置いていかなければなりません。成果を出すためにはチーム全員の能力を引き出し、一丸となってがんばってもらう必要がありました。

そういうわけで、わたしはその目標に取り組んだのです。一人一人の能力に敬意を払いながら、この素晴らしいオーケストラの指揮者になろうと努めました。結果として、売上でも、市場占有率でも、利益実績でも、全社で一番という記録を出すことができたのです。女性であり、ルーキーであったわたしが、それだけの快挙をなしとげました。その後すぐにさらなる昇進が決まり、わたしはロックスターにでもなった気分でした。

さて、わたしは優れたリーダーだったのでしょうか。

それとも、単に幸運に恵まれただけだったのでしょうか。

真実は両極端のどちらかではなく、たいてい真ん中にあるものです。もう少し説明させてください。

セレンディピティを自分で招く――あなたにできること

このエピソードで、わたしが真っ先に取り組んだのは、新しいシチュエーションを理解することでした。そこには高い専門技術を持った素晴らしいチームがいました。必要なのは彼らと同じ仕事をする人間ではなく――さっきも言ったように、わたしは彼らと同じ仕事などできないのですから――彼らの能力を引き出すリーダーとビジョンだったのです。

リーダーとしてどう振る舞うべきか、わたしの心の教科書には、最初のページにこう書いてあります。

1「自分とチームメンバーの強みと弱みを活用すること」

誰が何に秀でているかわかっていれば、成果を出すための戦略を立てられます。

スポーツと同じです。アメフトで言えば、ラインバッカーという守備ポジションの選手を、ボールをキャッチして攻撃に出るワイドレシーバーというポジションに置いたりはしません。身体が大きくてブロックとタックルを得意とする選手もいれば、俊敏に敵の間を駆け抜けていく選手もいるのです。同じようにビジネスでも、チームメンバーのスキルと、試合のニーズとをマッチさせる必要があります。

もちろん、この素晴らしいチームを集め、育てたのは、わたしではなく前任者です。それを引き継げたのは本当に幸運なことでした。前任者が勝利のための規律と意欲をチームに根づかせていたので、チームメンバーの入れ替えはほぼ不要でした。

それに、もともと斜陽だったビジネスの黒字転換を任されたわけでもありません。わたしはただ踏み込み、先頭に立って旗を振ればよかっただけ。しかもわたし自身が上司に恵まれていました。幹部としてもベテランの上司がメンターとなって、わたしの功績をほかの幹部にもしょっちゅう吹聴してくれたのです（そうです、以前の章で紹介したデイルという上司のことです）。

前にも書いたように、組織の上層部に味方がいるというのは、本当に大きなサポートになります。自分で自分の功績を自慢するのは難しいことですが、上層部の誰かが広めてくれるなら、驚くほどに支持が広がっていきます。裏を返せば、あなた自身が若手をサポートすることもできるのだ、ということ。がんばっている人の評判が伸びるように手を貸しましょう。恩の「前払い」を意識しましょう。理想的なストーリーに聞こえるかもしれませんね。でも実は、ここで告白しておかなければならないことがあります。当時のわたしは、自分が運に恵まれたと思っていませんでした。わたしがすごいんだ、と考えていたのです。スーパーウーマンになった気分でした。わたしが登場すればどんなピンチも解決するわよ！　どんな任務でもすべての賞をかっさらうわよ！……と、そんな気持ちでいっぱいだったのです。

勘がいいね。

どうしてだろう、嫌な予感がする。

自信というのは諸刃の剣です。自信があれば「できる」と信じられるので、大きな試練にも立ち向かっていく力になります。けれど、無敵だと思う感覚は、人を調子に乗らせてしまうのです。不幸なことに、そんな感覚こそが墓穴を掘る元になってしまいます。

わたしの場合もそうでした。初めての責務でこれほど成功できた理由をきちんと理解しなかったせいで、諸刃の剣は裏返ったのです。自分の手柄はあくまで一部だけで、周囲の環境にも助けられていたことに気づいていませんでした。「わたしが、わたしが、わたしが」――と、それだけで頭がいっぱいだったのです。

それで、どうなったでしょうか。

話を手短かにまとめるならば、大きな仕事で成功したあと、わたしは2回続けて昇進し、その後に戦力外通告をされ（神話32を参照してください）、挽回のためにトラブルを抱えていた部署への異動を志願しました。責務としては、最初に成功した仕事とまったく同じです。ところが今回はぱっとしないチームに、非協力的な上司、低迷する業績を抱え、何の勢いにも乗ることができませんでした。

それなのにわたしは、以前と同じやり方で以前と同じ結果が出せると思い込んでいたのです。

わたしの心にあるリーダーシップの教科書には、第2の法則として、こう書いてあります。

2「異なるシチュエーションでは異なるスキルが必要」

すみやかに状況を診断し、適切なリソースを配分するのが、優れたリーダーというものなのです。わたしの2度目の試合で必要だったのは、既存のチームを鼓舞して力を引き出す旗振りアプローチではありませんでした。今回のチームは全面的なテコ入れを要する状態だったのです。以前の素晴らしいチームを育てた前任者がやったように、今度はわたしが細部までがちがちに管理しながら、優秀な人材へとメンバーを入れ替えていかなければなりませんでした。

ここで、リーダーシップの教科書から第3の法則が登場します。

3「自分一人ではできない」

この法則を思い知るのは、特に若いリーダーにとって、目からうろこが落ちるような体験となるでしょう。駆け出しの頃は「自分が、自分が」ということで頭がいっぱいなのですから。とにかく自分を押し出し、名をあげようとします。何とか注目を浴びようとします。けれど、だんだん大きな仕事を任されるようになってくると、自分一人では達成できないと気づかされます。一人で担うには多すぎますし、おそらく、すべてに対処するスキルもないのです。

いずれにしても誰かにやってもらわなければなりません。問題は、どうやってそれを叶えるか、という点。気をつけてほしいポイントを説明します。

・自分らしく。誰か別人になろうとしない。
・「他人にしてもらいたいことは、まず自分が他人のためにする」という大原則を守る。
・ビジョンを示す。人間は自分がどの山を登るのか知っていたいものだから。
・全体図の中でどの役割を担っているのか、チームが理解できるようにする。人間は自分がその山を登る意義を知っていたいものだから。
・手柄は手柄を立てた者に与える。感想や評価の言葉は惜しみなく。

「自分が、自分が」ではなく、自分以外の人のポテンシャルを引き出すことができれば、本当に驚くほどの成果が得られるものなのです。

最後にもう一つ、リーダーシップの第４の法則を紹介しましょう。

4「人を観察し、人から学べ」

自分がすべての答えを知っている必要はないのです。特にキャリアの初期、まだ試行錯誤している時期は、わからないことだらけ。恥ずかしがらずに、信頼できる相手に相談し、指導を仰ぎましょう。人は自分が成功した理由を語るのが好きなものですから。

無知だと認めるのは、弱みを見せることにならない？

信頼する相手に頼るんだよ。身構えてどうするの？

鏡よ鏡……

・あなたがこれまでに経験したリーダーの役割について説明してください。
・優れたリーダーと聞くと、誰が思い浮かぶ？
・その人物が思い浮かんだ理由は？　どんな特徴を尊敬している？
・これまで出会ってきた中で最悪のリーダーは？　最悪だった理由は？
・あなたのリーダーシップ・スタイルについてアドバイスを仰げる、信頼できる人はいる？

Myth 31

批判は褒め言葉に挟んで言えばＯＫ……という嘘

自分の能力についてフィードバックを受けるのは嫌なものですよね。いたたまれなくなります。
でも、人の能力についてフィードバックをするのは、それ以上に厳しいこと。逆ギレされてとんでもない目に遭うかもしれません。

言い方には工夫が必要

「マイケル、あなたの外見のせいじゃないの。わかる？　あなたの性格の問題なのよ。あなたは反抗的で、無礼で、それに、救いがたいバカでしょ。あと、息が臭いし。それと、加齢臭のことは置いておくとしても、めちゃくちゃ鈍感だし」

ドラマ『ジ・オフィス』の登場人物、ジェンの台詞

肯定的なフィードバックには心が躍ります。よくやっていると言われて喜ばない人がいるでしょう

か。特に、ほかの人の見ている前で褒められるのは最高の気分です。
上司が惜しみなく、的確に、ポジティブなフィードバックをすれば、部下は「認められている」という思いを抱きますし、周囲もその人を評価して昇進させることになるかもしれません。さらにいいのは、好ましい行動を続ける後押しになること。パブロフの犬と同じで、人は褒美をもらえると、その行動を繰り返すようになるからです。称賛の言葉が褒美です。
でも、良いことばかり言えるわけではありませんよね。

それがフィードバックの厄介なところだよね。評価できるのはほんの一部で、たいていは改善を求める部分のほうが多いから。

最後に、「でも、今日は特に素敵よ」とか付け足せばいいんじゃない？

嘘でとりつくろっても意味がないでしょ。

「建設的なフィードバック」――もっとはっきり言うと、改善を求める指摘をするとなると、ちょっと状況が違ってきます。改善を求めるフィードバックはされるほうがつらいと思うかもしれませんが、する立場になったとき、もう一度よく考えてみてください。そこには両極端の聞き手が存在します。

（A）仕事ぶりは悪くないが、自尊心が強すぎるタイプ。フィードバックをしても、否定的なことには一切耳を貸そうとしない。最初と最後の褒め言葉の部分しか聞かず、大事なポイントをまったく受け取らない。

あるいは……

（B）ほぼ完璧に仕事をしているが、マイナスのことを言われると過剰反応するタイプ。怒り、泣きわめき、上司の感覚を全否定して、ひき殺してやりたいという顔をする。本人のキャリアに役立つフィードバックなのに、身構えて反抗してくる。反論し、感情面を押し出して、都合よく事実をねじ曲げる。

どちらのシナリオも最善とは言えません。聞き手は意図した通りにメッセージを受け取ってくれていないからです。では、しっかりと耳を貸してもらえる形でフィードバックをするためには、どのような準備が必要でしょうか。

1　上司は部下のパフォーマンスを一方向からしか見ていないと心得る

本人に話す前に、さまざまな角度から理解に努めること。

2 たった一度の出来事について言うのではなく、一貫した傾向に着目する

うまくやれない日は誰にでもあるものです。力を発揮できない日もあります。その結果として短気を起こしたのかもしれませんし、非協力的になったのかもしれません。それが「つねに」起こるのでない限り、大げさに問題視するのはやめましょう。

3 一対一で話し合う時間と場所を設定する

否定的なフィードバックを、周囲の見ている前で衝動的につきつけるのは絶対にご法度。

4 具体例を示す

例があったほうが、人はフィードバックをしっかり聞くことができます。仮定の話ではなく、必ず事実に沿って話すこと。

5 今後の対応についてアドバイスや提案をする

部下には、その問題が見えていなかったのかもしれません。把握して修正するためのサポートを必要としているかもしれません。

6 フォローアップ面談を設定する

狙いは、部下が指摘内容をかみ砕く時間をとること。完璧主義の部下なら、レビューの最中は打ちのめされてしまうかもしれませんが、面談の際には立ち直って改善に努めているでしょう。

反発したり、泣き出したりするなど、部下が感情を爆発させた場合はどうしましょうか。

そのときはまず、つられて感情的にならないよう我慢しましょう。パフォーマンスのレビューを受ける側が緊張するのは仕方ありません。たいていの場合、本人としては全力を尽くしているので、それ以上どう改善すればいいのか見えなくなっています。ですから上司の前で本音が出てしまうこともあるでしょう。

すみやかに気持ちを落ち着けられればいいのですが、そうでない場合は、話し合いを中断して翌日に延期しましょう。プレッシャーを取り除き、考えをまとめる時間を与えます。あなた自身も上司として、そのほうがほっとするでしょうし。

批判されるのは、やっぱり嫌だよ。

生まれ変わったら完璧な人間になるしかないね。

鏡よ鏡……

・否定的なフィードバックをするのは大事なことだと思う？
・良くない知らせは、いつもどんなふうに伝えている？
・誰かが感情的に反応したら、それに対して自分はどうする？

Myth 32

つねに正直が最善……という嘘

それが嘘だと気づいたことを、ママに話してはいけませんよ。

ママは「いつでも正直に話しなさい」とあなたをしつけてきたのですから。

それに、別に間違ってはいないのです——ほとんどの場合は、ね。

秘密のルールに気づかなかった

わたしが初めてプレジデントという肩書に昇進したときの話をさせてください。

事業部門を統括するプレジデントは会社全体で4人。その中の一人になれたのです。

しかも、売上10億ドル以上を誇る、会社の屋台骨と言える事業の！

36歳という若さで！

フリトレーで初の女性プレジデント、最若手のプレジデントに！

そこまでの数年間、わたしはめきめきとキャリアアップをしてきました。営業部門で素晴らしい業績を出し、会社で最高に名誉な賞を授与されました。全社から注目される責務を担って、流通網を一新しました。短期間で目を見張る成果を出し、ＣＥＯからもＣＯＯからも高く評価されていました。ですから大規模な組織再編に伴い、わたしが大ジャンプでプレジデントに昇進したことは、別にサプライズではなかったのです。

それでも……これはわたしが抱いていた期待をすべて叶えるものでした。

・女性の昇進の道を切り開きたい！
・経営陣の仲間に入りたい！
・ＣＯＯ直属になりたい！

正直言って、わたしは誰よりすごいという気持ちになっていました。

いつもそうだよね。舞い上がって、それから真っ逆さま。

真っ逆さまって何のこと？

昇進から半年後、上司であるＣＯＯとの面談がありました。プレジデント４人の体制を変更し、３人にするというのです。それに伴い、今後はわたしがさらに広い範囲を統括すると言われました。新たにアメリカ西部がわたしの担当になるというのです。

〈ここでわたしが気づいたこと〉
だとしたら、今の西部担当ゼネラルマネジャーがわたしの部下になる。彼は60代の男性で、幹部として長く実績を出してきた。その立場を活かして、半分隠居みたいな働き方をしている。
〈それに対してわたしが感じたこと〉
彼は男尊女卑の無礼な老人。彼の上に立つのは、正直言って、不安だ。
そこでわたしは上司に考えを話しました。「怖いです」、と。

えっ、言っちゃったの？　ほんとに？

思い出すと、ホラー映画を観てる気分になるわ……。

「その角を曲がったら殺人鬼がいるのに、なんでわざわざそこを行くのよ！」って言いたくなるやつね。

あとから考えれば、「怖い」などと上司に言うべきでないのは、火を見るより明らかでした。

あとから考えれば、何だって明らかに見えるものよね。

〈上司が口に出したこと〉

本音を話してくれてありがとう。（本当にそう言いました！）

〈上司が表情に出していたこと〉

もういい、今すぐこの部屋を出て行け。（本当にそんな顔でした）

〈上司が考えていたこと〉

ジェーンに大きな責任など任せられないな。上司に向かって泣き言を言うようじゃ、誰に対してもそういう情けないことを言うに決まっている。私が求めるのは堂々と自分の強みと自信を示せる部下だ。組織再編前にわかってよかったな。今なら彼女を計画から外せる。（わたしの想像ですが、こんなふうに考えたのだと思います）

その面談から1カ月以内に、組織再編が実施されました。椅子取りゲームの音楽がストップし、4つだったプレジデントの椅子は3つになり……座れずに立っていたのはわたしでした。

最悪だよ。

少し前まで花形スターだったわたしが、あっというまに椅子取りゲームからはじき出されるなんて。
わたしが気づかなかった秘密のルールは……

弱さを認めるな。

……だったのです。

書いていて、我ながら嫌なルールだと思います。どんな企業でも必ずそうだというわけではありません。でも、あのときは、それが真実でした。そのときわたしが働いていた会社は、とてもマッチョな世界だったのです。

「入社1日目から銃で狙われていると思え。撃たれるのは時間の問題だ」

そういう社風であることを、わたしはしっかり心得ておくべきでした。

セレンディピティを自分で招く——あなたにできること

なんてバカだったんでしょう！　みすみす銃の標的になることはなかったんです。わたしが撃たれるはずではなかったんです。上司の視点で状況を理解してさえいれば、もっとうまくやれたはずでした。上司は、怖気づいたルーキーではなく、彼のために全力を尽くすスーパー選手を求めていたのです。彼の手となり足となって動く部下を。びくびくせず、断固として立ち向かえる人材を。

もし、この場面をやり直せるとしたら、わたしは何を改めればいいのでしょうか？

答えは「全部」です。

それだけでは身も蓋もないので、具体的に説明しましょう。第一に、例の男性社員が苦手だというのは、あくまでわたしの問題でした。上司に報告する必要のなかったことです。新体制で例の男性が部下になると知ったとき、わたしが言うべきだったのは、たとえばこんな感じでした。

「素晴らしい経験をお持ちの方です。一緒に仕事ができるのは光栄です」

この台詞なら、苦手意識を見せず、彼の経験を認めていると表明することになったでしょう。

心にもないことを。

でも、そのほうがうまくいくでしょ。

第二に、真っ先に口に出すのは個人的な問題ではなく、業務に関することにすればよかったのです。たとえばこんなふうに。

「この地域は、新しい競合他社に市場シェアを奪われています。わたしが担当になったら、まずは実際に視察して状況を把握して参ります。作戦を考えますので、そのときはご相談させてください」

行動主義者の対応です。「結果を出す」という、上司が何より重視するポイントに主眼を置いています。感情的にならず、事実に関することしか話していません。前の章でも指摘した通り、上司というのは事実が好きな生き物なのです。

では、こうしたわたしの反省を、あなたにどう活用してもらえばいいでしょうか。

思わず不安を抱くような試練を与えられたときは、次に紹介する簡単で手短かなステップを踏んでみてください。

ステップ1　まずは、上司の視点で考えようと努力する

上司は自信のある態度を求めています。「できるかな、できないかな」と心配させられたくありません。

ステップ2　感情的にならずに返答する
個人の事情をさしはさまないこと。

ステップ3　その面談はできるだけ早く切り上げる
上司のオフィスを出たほうが、不安な気持ちは鎮めやすくなります。

これで、上司の前で弱さをさらすのは回避できます（わたしも回避できていたら、と思わずにいられません！）。でも、だからといって弱さが消えるわけではないですよね。年上の部下を持つことへの不安な気持ちは、どう処理すればよかったのでしょうか。

1　深呼吸をする
信じたくないかもしれませんが、自分より年配の男性が部下になる場面は多々あるものなのです。年配の女性を部下にすることもあるでしょう。彼ら・彼女らも、ときには若い上司の下につかなければならないことを理解しています。会社というのはそういうものだからです。もちろん、あなたにとってやりやすくなるとは限りませんが。

2　自信を持つ

あなたは立派な業績を出しているのです。絶大なポテンシャルがあるのです。だからこそ上層部はあなたを支持しています。いまひとつ自信を持てないなら、その気になれるまで「自信のあるふり」をしてください。

3 でも、自信過剰にはならない

部下となる人のスキルや経験をすみやかに把握すること。あなたにはない能力を持っているはずです。それを正しく評価すれば、部下となる人たちは、あなたをサポートしたいと思ってくれます（神話29を参照してください）。

4 目指す方向をはっきりさせる

年上の部下とも共通の目的意識を持ちましょう。それは絆になります。大きな目的を具体的な目標に落とし込み、チームメンバーそれぞれに伝えましょう。メンバーが自分の役割をはっきりと理解し、全員が（あなたを含めて）協力し合えるようにするためです。

5 メンターを見つける

新しい役割をどう背負っていけばいいか、年上の部下を持つという不安にどう対応していけばいいか、アドバイスをしてくれる人を探しましょう。あなたより経験が長く、あなたのキャリアのことをおもんぱかってくれる人はいませんか。社内の人でなくてもかまいません。信頼して相談できる相手がいれば、試練に立ち向かい、はしごから落とされず昇っていけます。

あのときのわたしは、自分の心細さをそのまま口に出してしまいました。自分のポジションを危うくする発言だとは思っていなかったのです。それでも最終的には、逆境をはね返すことができました。

あなたも、きっと同じです。

なぜなら、キャリアを進む道のりの中で、あなたも必ず失敗するからです。それが職業倫理にもとる行動でなければ、失敗は挽回できます。本当です。失敗すること自体は旅の一部だと思ってください。だからこそ旅はおもしろく、ドラマチックで、スリリングなのです。そしてあなたは賢い女性ですから、一度した失敗を繰り返すことはありません。

特に、自分の失敗によって椅子取りゲームからはじきとばされる経験をしたら、二度と繰り返さないと固く決意をするに決まっています。そうですよね。

椅子からはじきとばされるっていうか、要するに、左遷されたんだよね。

左遷なら前にも経験はあるよね？

明らかに降格なのに建前上はただの異動、っていうのは初体験だったよ。

鏡よ鏡……

・本音を出さないほうがいいシチュエーションの経験は？
・そのとき、気持ちは納得がいっていた？
・自分の部下に対して、１００％オープンで正直であることを求める？
・部下が打ち明けた本音が好ましくない内容だったとき、あなたはどう反応する？

Myth 33

仕事が嫌ならすぐ辞めればいい！……という嘘

左遷されることがあるかもしれません。見せしめの異動を命じられることがあるかもしれません。もしくは、ただ単に不本意な日々が続くかもしれません。理由はともかく、その職場に見切りをつけて行動を起こすべきときもあります。でも、動き出す前に、まずはよく考えましょう。

こんな仕事を続けるくらいなら、死んだほうがマシ。

「でも、それが人生っていうものよ。頂点にいたと思ったら、次の瞬間には、秘書に芝刈り機で轢かれてる」

ドラマ『マッドメン』の登場人物、ジョーン・ハリスの台詞

目覚ましのアラームがけたたましい音で鳴っています。スヌーズボタンはもう５００回くらい叩いたかも。それなのに、あなたはベッドから出る気になれません。またげんなりする一日の始まりか

……と思ってしまうからです。

今日もまた、つまらない業務をこなすだけ。上層部は理解がなく、がんばろうという意欲を抱かせてはくれません。オフィス環境も最悪。同僚の「脱毛が大変なのよー」とかいうお喋りを今日も聞かされるかと思うと、本当にうんざりです。のろのろ歯磨きしながら、鏡の中の自分を見つめます。

ねえ、なんでこんな感じになっちゃったの？　こんな毎日に、いつ見切りをつければいいの？

仕事への嫌悪感は周囲に見せないよう気をつけているつもりです。でも、もしかしたら、ネガティブオーラが漏れているのかも。周囲が何となく避けている感じだからです。負のオーラが伝染するのを怖れているのでしょうし、そもそも仕事に没頭していて疑問を持つ余裕もないのでしょう。なぜあなただけが不本意に感じているのか、周囲は理解していません。「嫌なら転職すればいいのに」と、腹の中では思っています。腹の中だけではなく、あなたがいない場所では、実際にそうささやき合っているのです。

そういうわけで、あなたは転職先を探しはじめます。楽しく働ける会社。実力を発揮できて、昇進していける会社。でも、新しいキャリアを始めるためには、まずは今の会社を一刻も早く辞めなくてはなりません。

ここでＷＯＷ日記の出番です。次の質問の答えを書き出していってください。

1 今の会社の嫌いなところは？

嫌いなのは仕事そのもの？　上司？　勤務地？

転職するなら、その要素が改善される会社を探さなくてはなりません。

2 今の会社で、自分はいい印象を与えてきた？

本当にベストを尽くしてきたのでしょうか。最大限の努力をして、それでも満たされないのですか？

生活にほかの不満があって、それを仕事になすりつけているだけではありませんか？

不本意に思う理由が間違いなく今の仕事のせいなのか、よく考えてください。

3 この会社で働きつづけたいと思えるように、何か改善できることはある？

給料が2倍なら、続けるかな。

それはありえないでしょ。ほかにないの？

4 自分の望みは何？

本当にやりたい仕事を具体的に書いてください。勤務地、上司、責務の範囲、給料、社風など、細かい条件を漏らさず書いていきます。「絶対こうじゃなきゃ嫌だ」なのか「こうだったらいいな」なのか、優先順位をつけましょう。

フリトレーを離れたあとのわたしは、１年間、手探りの時期を過ごしました。たくさんのジョブオファーをいただき、そのうちいくつかを受けて、実際に働きはじめてみましたが、どれも3週間と経たずに辞退してしまいました。自分の優先順位がどこにあるのかわからず、ただやみくもにあれこれ試していたのです（当時のわたしがＷＯＷ日記をつけていたら、どんなによかったか！）。

そしてようやく、ゲートウェイ・コンピューターズで法人直販部門を統括することとなりました。当時ゲートウェイは消費者直販以外に事業を拡大している途中で、わたしが任されたのは新たに設立された部署でした。

この仕事はさまざまな面で魅力的でした。第一に、勤務地が理想的だったこと。新しいオフィスはゲートウェイ創業地のサウスダコタではなく、カリフォルニア州オレンジ郡にありました。ここなら、夫のマイケルと一緒に、ずっと憧れていたラグナビーチに住むことができます（私の条件「勤務地」、クリア）。

第二に、当時のＩＴ業界が目を見張るほどの勢いだったこと。古くて退屈な食品業界ではなく、まさに大流行の世界であり、とても魅力的でした（「業界」、クリア）。

第三に、ゲートウェイは一般消費財業界からの人材引き抜きに力を入れており、わたしの職歴に価値を見ていました。コンピューター業界の専門家にはない知識を持っていることを評価していました（「仕事の性質」、クリア）。

そして第四の重要ポイントとして、莫大な富を築く可能性があることもわかっていました（「収入」、クリア）。ＩＴ業界では毎日のようにミリオネアが誕生していましたし、ゲートウェイのオーナーも極めて短期間で70億ドルの資産を築いていたからです。わたしもぜひそのおこぼれにあずかりたいと思いました。

お金は最重要！　大丈夫、ダブルチェック済み！

そこでためらわずカリフォルニアに引っ越しました。最初の８カ月の間に、26ドルだったゲートウェイの株価（わたしのオプション価格です）は、88ドルへと急上昇。ストックオプションは４年かけて正式にわたしのものとなるので、控えめに見積もっても、持ち株は１０００万ドル相当になると想定していました。イリノイ州出身で、新卒最初の仕事が時給５ドルだったことを思えば、相当の飛躍です。

ところが、ゲートウェイに加わってからの数カ月で、わたしは自分についていくつかの真実を学びました。まず、わたしにとって大金はそれほど重要ではない、と悟ったのです。求めていたのは好きになれる仕事、貢献していると実感できる仕事、人間として成長できる仕事でした。毎日人と出会い、試練と出会う生活を求めていました。残念ながらコンピューターには情熱を感じられなかったのです。パソコン販売には胸が躍りませんでした。25歳のコールセンタースタッフが、電話応対だけで年収10万ドルを稼ぐ世界は、どうも水が合いませんでした。上司が数字だけを重視するタイプだったことも、状況を厳しくしていました。

はっきり言ってしまえば、わたしは古く退屈な食品業界が懐かしくなっていたのです。食べ物に関わる仕事は本当に楽しかった！　工場のみんなが一生懸命働き、ふさわしい給料としっかりした福利厚生を得ている光景に、わたしは強い愛着を持っていました。リーダーが正しく導いてくれると信じて忠誠心を持って働く人々のことが、懐かしくてたまりませんでした。

セレンディピティを自分で招く――あなたにできること

こうしたことを思いはじめていた時期に、ベストフーズ・ベーキングという会社から引き抜きの打診を受けました。それを受けるとしたら、5000人以上の部署を統括し、数百という流通センターと、8カ所の製パン工場と、ピッツバーグから太平洋沿岸までの地域を監督することになります。給料は悪くありませんが、転職すれば、大富豪の夢は叶いません。

それでも業務内容が自分にぴったりだと思えたので、わたしはゲートウェイを去り、ベストフーズでエグゼクティブ・バイスプレジデントという肩書をいただいて、オロウィーツ、トーマス・イングリッシュ・マフィン、エンテンマンズといったブランドを担当することになりました。

あれはわたしのキャリアの中で一番正解だった転職だと思います。人生で最高と言える仕事をいくつか経験してきましたが、ベストフーズでの仕事は、間違いなくその一つでした。自分にとってお金は最重要ではないと悟ったからこそ、この最高の仕事に着地できたのです。

さて、わたしの話はこれくらいにして、あなたの話に戻りましょう。やりたい仕事の優先順位がはっきりしても、そこで焦って動き出してはいけません。はっきり言っておきましょう……。

次の仕事が決まるまで、今の仕事を辞めてはいけません。

良識よりも感情が勝ってしまいそうなときもあるでしょう。「とにかくここから抜け出したい、もう耐えられない！」と思っているかもしれません。みじめな現実から救い出してほしいと誰かに頼むつもりかもしれませんね。そもそも辞めなければ転職活動の時間もとれないとも感じていることでしょう。

それでも、先に辞めてしまいたい欲求は我慢してください。実際は仕事をしているときのほうが、仕事を見つけるのは簡単なのです。「企業から必要とされる人材なのだ」ということが伝わるからです。あなたには複数の選択肢があり、転職はその選択肢の一つにすぎないのだ、と示すことができます。そうなれば給料や役職について交渉するにあたっても、あなたの立場は強くなります。

今の会社を辞めたい理由が心の中ではっきりしていても、それを口に出してはいけません。今の経営陣がどんなに嫌いか、どんなに不公平か、くどくどと並べたてたら……面接官は、あなたがそういう不満を持ち込んで転職してくるのだな、と考えます。それは疫病を招き入れるのと同じです。在職中であれば、さすがに罵詈雑言は控える気になります。さらに言えばあなた自身にとっても、無職の状態での職探しは、何かと自信がゆるぎやすくなってしまいます。

そういうわけで、転職活動は在職中に行うべき理由をわかってもらえたことと思います。ここで気をつけてほしいポイントがもう一つ。


転職活動はくれぐれも慎重に、他言せず。


あなたはまだ、今の会社で給料を支払われている立場です。たとえ会社にも人にも愛想がつきているとしても、優れた仕事をするための最善の努力をしてください。

キャリアを追求するというのはそういうことなのです。人の縁はわからないものですから、転職先で今の上司とまた出会うことがないとは言えません。業界が統合されれば、会社が違っても同じ人脈で仕事をしていくことになるかもしれません。

つねにプロ意識を持って、いつでもベストを尽くしてください。

あなたの転職活動がうまくいくことを祈っています。人脈作りの大切さも忘れないで（神話５を参照）。すぐにとは言わないまでも、きっとそれほど長期戦にはならずに、次の扉が開くはずです。


そういえば、ゲートウェイの株価と、富豪計画はどうなったの？

ああ、辞めてから半年後には株価6ドルに急落したよ。

甘い夢見てもダメってこと！　セレンディピティは自分で作っていかないと！

鏡よ鏡……

・「今の場所に長居しすぎてるな」と感じたことはある？
・転職してまた同じことにならないように、今の状況の何が不満なのか、しっかり整理した？
・仕事に何を求めてる？　大事だと思うものを３つ挙げてみましょう。

Myth 34

辞めたらそれっきりおさらば……という嘘

「こんな仕事、誰がするもんか」と、あの能無しどもに言ってやる場面を、ずっと夢見てきたかもしれませんね。その想像を何度も何度も、テープがすりきれるくらいに頭の中で再生してきたと思います。言ってやるのはあなた。あいつらは傷つけばいい！　あなたの運命はあなたが決めていくことです！

もちろん、あなたの運命を決めるのはあなたです。

だからこそ、妄想の罵詈雑言はＷＯＷ日記の中だけにとどめておきましょう。

別れるのはつらい……恋も仕事も。

「失恋したら買い物するのが好きなの。なぜかわからないけど。新しい服を買ったら気分が良くなるわ。ほんとに良くなる。すごくいい服を見つけたら、買うために誰かと別れようかなって思うくらい」

リタ・ラドナー（女優、コメディエンヌ）

キャリアを追求する過程で、あなたも何度か転職をすることでしょう。惜しまれて、引き留められて、また戻ってきてほしいと言われて辞めていきたいものですよね。

大っ嫌いな会社からも、そう思われたい？

大っ嫌いな会社だからこそ、そう思わせたいのよ。

歪んでるねー。だけど真実だわ。

その会社では本当に嫌な思いをしたので、あなたは早くおさらばしたくてたまらない気持ちだったのかもしれません。人生で一度という大チャンスの引き抜きを受けて、断れなかったのかもしれません。転職すればサンフランシスコに引っ越せるので、どうしてもそうしたかったのかも。

理由が何であれ、今の会社を辞めるときは、そもそも最初に面接を受けたときと同じだけの真剣さで、よく考え、よく準備をしてください。

難しいことではありません。それができれば会社に納得してもらえるでしょうし、少なくともあなたが辞める理由を理解はしてもらえます。あなたもそのほうが心やすらかな気持ちで去っていくことができます。

セレンディピティを自分で招く――あなたにできること

わたしが経験してきた中でも、ずばぬけて絶好調の仕事ができたのは、エグゼクティブ・バイスプレジデントとしてオロウィーツ・ブランドを統括していた時期です。優秀なチームがいて、素晴らしい業績を出して、かなり自由な権限を任せてもらっていました（わたしにとっては最高の三連単です！）。

でも、その事業は売却に売却を重ね、親会社が3社目に変わる頃には、わたしの立場もかなり変化していました。チームリーダー的なポジションから、新社長の直属として社内ナンバー2の女幹部となったのです。新たな親会社である製パン会社大手グルポ・ビンボにしてみれば、それはきわめて合理的なことでした。グルポ・ビンボはメキシコ企業でしたが、アメリカ人が社長になっていましたし、わたしが統括していた事業はそのアメリカ人社長の直属となるのがぴったりだったからです。

でもわたし自身は、昔のやり方、昔の責務のほうが好きでした。新しい環境ではきっと不満がたまるとわかっていました。そこで事業売却の移行が完了する前に、上層部に正直に自分の気持ちを話し、友好的な引継ぎをして退職することになったのです。

当時は想像もしていなかったのですが、それから5年後のこと……スナック菓子のホステス・ブランズという会社の幹部として、同社を倒産から救おうと尽力していました。そのときの売却先の有力候補だった一社が、グルポ・ビンボだったのです。さらにそれから5年も経たないうちに、今度はバーモント・ブレッド・カンパニーという会社で売却取引に臨んでいたとき、またしてもグルポ・ビンボが候補者リストに入っていました。

どちらのシチュエーションでも、グルポ・ビンボがわたしの説明を聞く時間をとってくれたのは、わたしがかつてプロ意識と矜持を示して良い印象を残して辞めたからだと思っています。もちろん取引そのものに興味があったのでしょうけれど、わたしに対する肯定的な評価があったことが、検討するにあたって大きな要素になったと確信しています。

将来、自分の行く道に誰の道が交差してくるか、わからないのです。失敗しない離職のためのチェックリストを挙げておきます。

1 なぜ辞めるのか、自分の中ではっきりさせること

「辞めたいから辞める！」にしないために、理由をはっきりさせましょう。前の章で説明したように、自分にとっての優先順位を整理します。理由にはソフトの部分とハードの部分が考えられます。
・ソフト面の理由：転職先の社風のほうが合っている。ワークライフバランスを改善できる。
・ハード面の理由：転職先のほうが給料がいい。いい肩書がつく。勤務地が理想的。もっと多くを任せてもらえる。

2 なぜ辞めるのか、会社に対してはっきり示すこと

辞める理由が明確になったら、退職の意思を簡潔に示します。ＷＯＷ日記に書いた心の動きをすべ

て説明する必要はありません。理由も、ソフトではなくハード面を示しましょう。あなたが退職の意思を伝える上司も、「彼女は、他社から断り切れないポストをオファーされたようです」ということなら、上層部に報告しやすいですよね。でも「彼女の内なる〝気〟には、ここの〝気〟が合わないとのことで」なんていう報告はしにくい……というか、不可能です。

3　時間的余裕を持って通知する

アメリカでは退職希望日の2週間前に言うのが一般的です。理想としては1カ月。それだけの余裕があれば、きちんと計画して後任に引継ぎできます。1カ月も引継ぎ期間はいらないと言われるかもしれませんが、少なくともあなたのほうからは、残った人が困らないようにしておくべきです。

4　退職面談をする

おそらく人事部と、退職の意思を確認するための簡単な面談をすることになります。本音をぶちまけたい欲求は抑えてください。シナリオ通りに、あくまで良い点だけを強調します。会社が改善すべき点を提案してもいいかもしれませんが（それを提案することがふさわしいと判断するならば）、その場合も、具体的で役立つことだけ言うようにしてください。特定の人物に限ったことではない物事について、事実だけを、例を挙げて話します。会社と、自分がここで働けたことに対して、感謝の意を示しましょう。

5 引き留められたらどうするか、考えておく

あなたを慰留するために、転職先に対抗する待遇を提示されるかもしれません。そんなときこそ、辞める理由をはっきり自覚していることが重要。転職は純粋にお金のためであり、それ以外のすべての条件は今の会社のほうがいいとわかっている場合、昇給を提示されたら残留しますか？

もし答えがＹＥＳなら、今の会社から納得のいく昇給オファーが出ないとはっきりするまで、転職先に最終的な返事はしないほうがいいでしょう。今の会社との駆け引きが済むまで、先方への答えを保留しておきます。これは自分の評判にも関わることです。転職先の採用が決定したのに「やっぱり転職やめます」はダメ。

6 社内外の友人に会社の悪口は言わない

世界は狭いのです。いつの日か、昔の会社の人と一緒に、あるいは昔の会社の人の下で働くことがあるかもしれません。スーパーやスポーツジムで元同僚にばったり出くわしたときも、会社や上司について悪く言うのはやめましょう。基本的には一切の批判を封じておくこと。その人はまだ働いているのですから、逃げ出した人間から悪口なんか聞きたいわけがありません。

7 人脈は断ち切らない

あなたが「この会社の人とはもう会いたくない！」と考えていたとしましょう。生涯二度と顔を合

わせるもんか、と決意しています。だいたい、これから人生は好転していくのですから、昔の人脈なんて必要ありません。金曜日にしょっちゅう一緒に飲んでいた広告部のキュートな彼のことも、もう切り捨てるつもりです。彼が電話をしてきても、テキストメッセージを送ってきても、あなたは新しい生活で忙しいので、返信はあえて忘れたことにします。

そうして7年が過ぎ、あなたが某社で夢の仕事をつかめそうになったと想像してみてください。採用されるためなら何だって差し出す、と思うくらいの大事なチャンスです。胸を高鳴らせて臨んだ面接で目にしたのは……あのときの広告部の彼！　なんと、ここのシニア・アカウント・マネジャーになっていたのです。

しかも、かつてのひょろひょろした23歳ではなく、フェラーリを乗りこなすワイルドなイケメンに変わっています。あなたはフェイスブックで友達になろうとしますが、彼は返してきません。連絡をとってみても、冷たく、興味がない様子。非難はできません。そしてあなたは夢の会社から不採用通知を受け取るのです。

ここでの教訓は——**自分が必要なときだけ人とつながろうとしないこと。**そもそも自分が不義理をしていなければ、頼みごとだってずっと簡単になるのです。

なんか、聞き覚えのある話だわ……。

ホンダのシビックからフェラーリ。思い出した？

要するに、自分にとっても会社にとっても良い印象となるような辞め方をすること。もし将来に縁があったら、ぜひまたここで働かせてください、とお願いする形にしておくのです。そのうえで、肩で風を切ってさっそうとあのドアを出て、新しい地平線に向けて歩いていきましょう。

鏡よ鏡……

- 以前の仕事はどんなふうに辞めた？
- 昔の会社の人とは今も連絡はとってる？
- 昔の上司は、また自分を採用してくれると思う？

Myth 35

クビはキャリアの終焉……という嘘

解雇通知を渡された？　ほんとに？　青天の霹靂で？
これはトラウマになるかと言えば――もちろん、そうですよね。
アンフェアかと言えば――たぶん、そうなのかもしれません。
誰のキャリアにも起こる可能性はあるの？――と聞くのなら、答えは「当然」です。

捨てられるのはつらすぎる。恋も仕事も！

「禁煙は来週にしよう」「酒でも飲まなきゃやってられんな」「抗鬱剤がないともちそうにない」
「シンナーでも吸わなきゃ耐えられない」

映画『フライングハイ』一大事に直面した航空管制官の、だんだんエスカレートする台詞

お前とはもう終わりだ、と彼は――いえ、会社は言いました。
事業を縮小するから。あなたの職務自体がなくなるから。あるいは、あなた自身が会社に合ってい

ないから。理由が何だろうと、あなたは失職したのです。よりにもよって、ほかでもないあなたが！

さて、ここからどうしましょうか。

荒れないで、優雅に

自己都合で辞めるときと同じように、肩で風を切ってさっそうとあのドアを出て、（できれば）大きく可能性の広がる地平線に向けて歩いていきたいですよね。

でも、自分で決めた退職ならともかく、否応もなく決まった退職の場合、それは少しばかり困難です。礼儀正しくいることすら無理だと感じてしまうかもしれません。こっちだって好きでやってた仕事じゃないのに、もっといい仕事を見つける前に追い出されるなんて！


頭の中は嵐のように荒れています。どうすれば最高の悪口を言ってやれるか、それればかり考えています。あなたをクビにするなんて会社が間違ってるんだということを、みんなに知らせてやりたいのです。

セレンディピティを自分で招く——あなたにできること

解雇というのは、自分ではどうにもならない出来事を自分できっちりどうにかしていく、最高の見せ場だと思ってください。もちろん会社の決定は覆せません。でも、あなたの印象を最大限に良くして去っていくことはできるのです。上司や会社はいつか後悔して、あなたを取り戻したいと思うかもしれません。今のあなたが正々堂々と冷静に対応することで、将来のあなたのチャンスを作るのです。

解雇されたとき、優雅に去っていくための10のルール（立つ鳥跡を濁さず）

次に紹介する10のルールを参考に、「してはいけないこと」と「するべきこと」を心得ておいてください。

してはいけないのは……低レベルな言動をとること、敵意を示すこと、感情的になること、皮肉を言うこと、悪意を示すこと。

すべきなのは……落ち着いていること、冷静でいること、おだやかでいること、優雅でいること。

１　くれぐれも平静で

といっても、言うは易く行うは難し。解雇はたいていの場合、不意打ちで来るものです。リストラがあることは知っていたとしても、まさに自分がその対象になるなんて！　会社にとても貢献してきたのに！　頭の中には、支払わなきゃいけない請求書のこととか、新しい恋人にどう説明しようかとか、なんで先に転職活動しておかなかったんだろうとか、いろんな考えがかけめぐっています。ショックを受けますし、傷つきますし、裏切られた思いですし、バカにされた気分です。自分の人生を人に決められるなんて嫌だ、という強い思いがわきあがってきます。

でも、この状況にどう対応するか、それはあなたが自分で決められる部分です。去っていく際の振る舞いは見られています。転職活動のための推薦状が欲しくても、つばを吐き捨てるような態度では、良い推薦が得られるわけがありません。

今すぐ出て行こうよ。朝っぱらから酒を飲みに行ってやればいいじゃん！

我慢しようよ。どうせあとちょっとなんだから。

2 言われることは注意深く聞く

解雇について説明を受けている間、自己弁護はしないよう努めてください。反論もしないこと。目の前の相手に八つ当たりをしても仕方ありません。それに、いつか立場は逆転するかもしれないのです。言うほうも気まずい思いでいることでしょう。エネルギーと思考能力は、次の素敵な仕事をつかむためにとっておきましょう。

3 涙は見せない（できれば）

もちろん泣きたくなります。当然です！　お前なんかいらない、と言われたのですから！
それでも、どうか取り乱さないでください。涙を抑え、誰か別の人の話だと思って聞きましょう。

目の前にいるのがはだかの男だと思って聞くとか。

服を着てたってダサいのに、はだかじゃカッコつかないよね。

４ いったん仕切り直す

どうしても涙を抑えられないなら、トイレに行かせてほしいと頼んで、ほんのちょっとでいいから席を外します。わたしは30年の仕事人生の中で、人を解雇するのが好きだという人間には会ったことがありません。本当です。会社のためには何だってするという管理職でも、クビを言い渡すのは気が重いものです。解雇を告げられたあなたと同じく、告げた側も、「ちょっとタイム」と言いたくなっているでしょう。

５ 説明を求める。反論はせず、攻撃的にもならず

「奨学金の返済があるのに、クレジットカードの支払いがあるのに、組んだばかりの住宅ローンがあるのに、実は（誰にも言ってないけれど）妊娠してるのに、わたしを解雇するなんて何様のつもりよ！

そんな権利があると思ってんの？」

……と責めたてるのはやめましょう。今後に活かすためにしっかり理解したいのだ、という態度で理由をたずねます。自分自身の成長のために、ぜひ説明を聞きたいのだ、と。仕事の成績が至らなかったのか。事業縮小することになったとき、自分は優先順位の低い一介の女性社員にすぎなかったのか。

あの女性上司のお気に入りだったマーケティング部の彼と寝たから？

どうかな。彼、あんまりテクなかったし。上司だってそれは気づいてたと思うよ。

6 後任者にきちんと引継ぎをする

あなたにとってはこれもつらいことかもしれませんが、気持ちよく協力しましょう。引継ぎプランを作成して上司や後任者に渡します。恨みごとを言って怨念をまき散らすより、優雅に余裕を見せるのです。こんなに素晴らしく、賢く、協調性があり、冷静な社員をなぜ解雇するのか、後悔してもらいましょう。わかっていれば手放さずにすんだのにね。

7 社内外の友人に会社の悪口を言わない

どんなにひどい会社だったか、辞めてどんなにせいせいしているか、言いふらしていれば最初のうちは気分がいいことでしょう。でも、すぐに現実がのしかかってきます。あなたは無職。何をどう言い訳しても、無職は無職。ストレスを発散するのに悪口なんか言わず、遊びに行って、友達とお酒を飲んで、ゲームセンターでコインが尽きるまでモグラを叩きまくってきましょう。悪口を言えば、それはいつか帰ってきて、あなたのお尻にかみつくのです。

なんで？　辞めさせられたんだよ！　悪く言って当然じゃん！

8 他人に説明できる解釈を組み立てる

転職活動の面接で真っ先に聞かれる質問は――「前職はなぜ辞めたのですか？」。

あなたの口から、思わずこんな台詞が飛び出してきます。

「あのバカ会社、わたしを気に入らなかったんです。こっちこそ愛想が尽きましたけどね！」

そうまくしたててから、がっくりと肩を落として、「なぜ辞めたかなんて、ほかにどう言えっていうんです？」とつぶやくあなた。

それより、こんなふうに言えたほうがいいと思いませんか。

「組織再編に伴い、わたしが担っていた職務がなくなることになりました。結果的に、このように自分の可能性を広げるチャンスにチャレンジでき、ありがたいことだと思っています」

他人に理由を説明するときはソフト面を強調しておくのが賢明です。

「わたしにぴったりというわけではなかったんです。AやBという仕事が得意なので、その方向を追いかけてみたいと思っています」

9 人脈は断ち切らない

最初は無理だと思うかもしれません。特に傷つき、恥ずかしく思っている間は、昔の人脈は切ってしまいたくなるでしょう。それでもかつて一緒に働いていた人との縁は捨てないでください。

10 この経験を次の機会にどう活かせるか考える

神話11で「自己観察（セルフ・アウェア）」が大事だという話をしました。自分と正直に向き合ってください。

あなたは解雇されました。クビを回避するためにできることはあったのでしょうか。会社は何がダメだと思ったのでしょうか。次の仕事でも自分のスタイルは変えないと決意するなら、それでいいと思いますが、決意する前に、自分のことを振り返ってよく考えてみましょう。

肩書など、ついたりつかなかったりするものです。給料の額も、上がったり下がったりします。でも、社会人としてどう見られているか、その評判はずっと自分についてくるものです。つらいかもしれませんが、なりたい自分でいられるようにがんばりましょう（もちろん、あなたならそれができます！）。

デスクの上に昇って、上司のくそったれと喉が破れるくらいに叫んでやりたいとしても、それは我慢。過去に縁があった人と将来また仕事で関わる可能性はあるのですから、そのときのために良い評判をしっかり残しておきたいではありませんか。

あなたが去って行ったあと、会社が残念に思うようにしましょう。あなたが泣くからかわいそうになるのではなく、あなたが無職になるから同情するのでもなく、優秀な人材を手放したのは間違いだったと気づいて残念に思うように。最後まで責任感のある態度で協力的に振る舞ったあなたのことを、会社は惜しみ、戻ってきてもらえたらどんなにいいかと後悔します。少なくとも、これからのあなたの活躍を祈ってくれるはずです。

そもそも、たとえ退職時に引き留めてはもらえないとしても、周囲から敬意を示してもらえる自分でいること。見事なプレゼンをした人なのか、上司と寝てた女なのか、あなたの行動は職場の全員が見ているのです。

鏡よ鏡……

・自分が失職するシチュエーションは想像できる？
・失職した知り合いはいる？　その人はどう対応していた？

・何か（誰か）に拒絶されたときのことを思い出してみましょう。どうやって立ち直ってきた？

胸を張れる明日のために　その5の2

クビになってからの就職活動について

もちろんキツい経験ですけど、起きてしまったことは起きてしまったこと。クビになった理由ではなく、在職中になし得たこと、学んだことに主眼を置きましょう。この本の最初のセクションに戻って、自分のブランドを練り直してください（神話4）。それから就職活動の準備をします（神話6）。

忘れないでください。どんな仕事でも必ずうまくいくわけではありませんし、すべての会社が必ず自分に合うわけではないのです。今回の経験をムダにせず、学んだことを糧にして、次の仕事はぜひ自分にしっくり来る場所を見つけてください。

無意識に刷り込まれるように、何度も何度も自分に言い聞かせましょう――「いつでも、堂々と、胸を張って！」

6

究極のキャリアアップとは?

ワークライフバランス、出世、その先の未来

ちょっとした秘密を教えましょう。あなたのキャリアは、あなたが思っている以上に、自分で動かしていくものなのです。優先順位をつけるのも自分。選択をするのも自分。失敗して、立ち直って、また失敗するのも、自分です（そんなに何度も失敗を繰り返すのは、わたしだけかもしれませんけど）。

要するに……キャリアに対して主体性を持つこと。
あなたのキャリアはあなたのものなのです。

Myth 36

すべてを手に入れられる……という嘘

「すべて」の定義：大富豪で、腹筋が6つに割れてて、絶対に浮気しない夫。いつまでも若々しいスタイルときれいなヘアスタイル。賞を獲ったこともある愛犬。素敵な住居と素敵な別荘（海岸沿いの別荘や、冬山の別荘、大都市のペントハウスなどなど）。華やかな生き方をしている女友達（ただし自分より少しだけ劣る）。成績も見た目も良い我が子。見晴らしのいいエグゼクティブ・オフィス。自分が表紙を飾った『タイム』誌。

……ちょっとそこに座って。小一時間ほど話し合いましょうか。

スーパーウーマンの「S」マークは外して。

「スーパーウーマンっていうのは、自分の部屋の床は自分で磨く人のことだと思うけど」

ベット・ミドラー（女優）

「わたしはすべてを手に入れたわよ！」と言いたいのか……なんて目で見ないでください。わたしの胸にスーパーウーマンのSのマークはありませんってば。「すべて」なんて、全然手に入れられませんでした。

結局、子どもは持たず。別にCEOとなるためにあらゆるものを犠牲にする計画を立てたわけではないのです。ただ気がついたら夫のマイケルともども40代になっていて、「ジェーン・ジュニア」や「マイケル・ジュニア」を世に送り出すにはもう遅いと感じました。

ですから子どもが病気になって会社を休む経験や、会議のせいで子どもの発表会を見逃すという経験はしていません。仕事を捨てて専業主婦になるべきか、というジレンマに直面することもありませんでした。

でも、子どもの有無だけが、家庭と仕事のバランスについて悩む唯一の要因ではありません。似たような女性はたくさんいると思いますが、わたしも自分が家族の稼ぎ手だったからです。

配偶者、恋人、両親、ペット、友人……プライベートのさまざまな存在や事柄が、あなたの集中力に割って入ってくることでしょう。はたして、仕事と生活のバランスはどうやってとっていけばいいのでしょうか。

世界の飢餓問題も気になるし。

昇進のこともね。

自分にとってのワークライフバランスの定義は、時期によって変わってくるものです。「キャリアを追求する」とは何を意味するのか、その定義も変わってくるでしょう。今の自分が人生のどのステージにいて、何を目指しているのか、それによってバランスのとり方は進化し、変化します。一人の人間がこんなにたくさんの目標や夢を持っていてもいいんだろうか、と思うときがあるかもしれません。大丈夫です。怖れることはありません。一歩ずつ進んでいけばいいのです。

まず忘れないでいてほしいのは、優先順位を決めるのはあなただということ。ほかの誰かではありません。多くの女性が、他人の期待に応えようとがんばるせいで、バランスをとれずに苦しい思いをしています。

夫からは、世界一の妻でいてほしいと思われているのでしょう。両親からは、世界一の娘であってほしいと期待されているのでしょう。友人たちからは、女性を代表して出世してほしい、と言われます。テレビの健康番組をつければ、少なくとも週に3回は運動しなさい、ちゃんとした食事をとりなさい、と促されます。そして女性たち自身も、家事を完璧にこなして余裕を持って出勤できるくらいのエネルギーがなくちゃ、と思っています。

両立できない課題がこんなにたくさん。優先順位をつけるために、WOW日記の力を借りましょう。人生で重要視する物事をすべて書き出していくのです。最初はランキングにせず、頭に浮かぶままにリストアップしてみてください。

・子ども2人を真人間に育てる
・ぼんくら上司に耐えられなくなる前に昇進する
・毎日少なくとも15分は運動する
・お酒とチョコレートはあきらめず、体重を落とす（これはわたしの目標です！）
・週に一度はボランティア活動をする
・地元の学生のメンターとなる
・1カ月に1冊は小説を読む
・スペイン語を習う

それでは今の立場に照らして、優先順位をつけていきましょう。リストの中で何が一番大事か、何をしなければならないと思うか、胸に問いかけてください。

あなたが家族の中心的稼ぎ手であるとしたら、仕事は何より重要です。子どもは二の次でいいという意味ではありませんが、配偶者やパートナーがメインとなってそちらを担うことになります。だとすれば、残りの項目のうち、どれが「できたらいいな、だけどそのせいでストレスになったら本末転倒だな」と言えるでしょうか。わたしの場合、体重は10ポンド（5キロ弱）ほど落としたいと思うのですが、その目的にすべてを捧げることはできないと感じます。

次に、リストに挙げた項目を「エネルギーがわくもの」と「エネルギーを使うもの」に分けてみましょう。これはとても大切なことなのですが、ワークライフバランスを求める人の多くが見逃しています。エネルギーを高めることをすべきであって、エネルギーを失ってしまうことは最低限にしなくてはならないのです。たとえば、誰かを指導したりサポートしたりすることに大きな喜びを感じるのだとすれば、それを具体的に計画しましょう。反対に、「すべきだ」と思うだけで実は楽しめないことは、リストから外しましょう。

リストの優先順位が整理されたら、この本の最初で紹介した、セレンディピティを招く4ステップのフレームワークを思い出してください。したいことをしっかり見定め、達成に向けて計画を立てます。成功するための最善の道は、達成可能な目標を掲げることです。

どんな場合でも、たくさんのことを中途半端にやるより、少しのことをうまくやるほうがよいものです。スーパーウーマン（もしくはスーパーマン）の姿は捨ててください。何でもやれる人も存在しますが、きっと一般人よりエネルギーがあって、才能があって、リソースにも恵まれていて、苦労せずにやっていけるタイプなのです。

ムカつくー！

もしあなたがそのタイプに当てはまるなら、おめでとう。ぜひ、どんどんパワーをつけていってください。だけど、そうでないタイプのことをどうか見下さないで。スーパーウーマンではないわたしたちにとって大切なのは、今この瞬間の自分にとって一番大事な目標に集中すること。５つめの外国語習得を目指しながら、同時にフルマラソンのトレーニングをしようなんて、はっきり言って無理なのです。

ここまでに紹介したポイントを整理します。

1　自分にとって大切なことから着手する
2　達成したい物事（短期的でも長期的でも）をすべてリストアップする
3　優先順位をつけて、達成不可能なことは捨てる
4　エネルギーがわくものがどれで、エネルギーを失うものはどれか、理解する
5　優先事項をしっかり見定めて、それぞれに具体的な目標を立てる
6　達成するための計画を立てる
7　成果を記録していく

忘れないでください。これは何回でも繰り返していくプロセスです。数週間ごとに見直しをして、必要に応じて修正をしましょう。

セレンディピティを自分で招く——あなたにできること

長いキャリアの中で、わたしはいつでもワーカホリックでした。わたしが仕事を最優先にしていた間に、夫は、彼を最優先にする誰かと出会いました。そして17年間連れ添ったわたしたちは別れることに。この離婚は、雷に打たれたような体験でした。自分が夫よりも仕事から活力を得ていた事実を悟ってしまったからです。

マイケルと別れたあと、その現実を何とか飲み込み、それが自分にとってどういう意味を持つのか模索していたときに、2つめの衝撃が2倍の威力でやってきました。マイケルが末期の食道癌と診断されたのです。離婚届に署名したインクが乾いてもいないというくらいでしたが、わたしたちはまた一緒になることにしました。診断から9カ月後、わたしの家で、彼は息を引き取りました。49歳でした。ほんの2年の間に、わたしは否定したくても否定できない2つの真実にぶつかったのです。

第一に、仕事が生活のすべてになっていたこと。

第二に、人生は短くて予想がつかないこと。

胸に強烈な問いが押し寄せてきました——わたしは仕事に注力しすぎて、マイケルとの時間をムダにしてしまったんだろうか。わたしだっていつ死ぬかわからないのに、会社勤めなんていう「重要ではないこと」のために、これからも時間を失いつづけていきたいんだろうか。

何かを変えていかなくちゃならない、とわたしは痛感しました。ビジネスの世界を去り、非営利の世界を追求していくべきだと感じました。そこでコロラド州のレジス大学に入り、カウンセリングを学んで修士号取得を目指しました。企業で培った強い対人スキルがあるのですから、それを人助けに転換していくのが自然だと思ったのです。

けれど、2学期を迎える頃には、これはわたしの道ではないと気づいてしまいました。今でも忘れられないのは、ほかの学生とのロールプレイで、わたしがカウンセラー役、相手の女性が薬物中毒患者の役をやったときのことです。薬物に走った経緯を彼女が語っている間、わたしの頭に浮かんでいた返答は、これだけ。

「いいからドラッグをやめなさいよ！」

わたしにカウンセリングの素質はないんだ、と悟った瞬間でした。

そうかな？

そしてわたしはビジネスの世界が懐かしくてたまりませんでした。仕事で成果を出すことによってエネルギーが満ち満ちていくような感覚が、恋しくてたまりませんでした。カウンセリングの仕事は、わたしにとっては、そんな興奮の源にならなかったのです。

たしかに昔は、エネルギーがわくという理由で、仕事を生活のすべてにしてしまっていました。そして人生が短いというのもたしかに真実です。でも、残りの人生がどれだけであるにせよ、好きなことをして生きていきたいと思うのは悪いのでしょうか？

そういうわけで、わたしはビジネスの世界に戻ることになりました。

あなたが自分のワークライフバランスについて考えるとき、心得ておいてほしいことがあります。バランスを見極めるためには、多少の実験が必要なのです。わたしのカウンセリングのときのように、あなたも、挑戦したことがうまくいくとは限りません。けれど、その経験を通じて自分に対する理解を深められます。そうして本当の優先順位を確認していくのです。

ただし、自分の選択で自分を追い詰めすぎないこと。選択し、そして、学んでいきましょう。

ビジネスの世界に戻るにあたって、以前とは何か違うことを決めたの？

好きになれない仕事は絶対しない、ってことかな。

うまくいってる？

途中だよ。バランス探しも、ずっと模索中だね。

鏡よ鏡……

・自分にとって、胸が躍る物事は何？
・どんな活動が、人生にエネルギーをもたらしてくれる？
・どんな活動に、エネルギーを吸い取られてしまう？
・自分が気分よくいられる物事を優先してやってる？
・それとも、人生はげんなりすることばっかり、って感じてる？

Myth 37

出世するなら上司と寝なきゃ……という嘘

そんな簡単な話なら、わたしたちは膣トレとバキュームフェラの練習だけがんばってればいいですよね。

だけど、もうちょっと上品なスキルを身につけてもいいんじゃないかしら。

寝るべきか、寝ないべきか、それが問題だ

念のため書いておきますが、わたしはキャリアをつかむために職場の誰かと寝たことはありません。正直言って、自分がセックスでキャリアアップできると考えたこともありません。でも、そういうエネルギーが職場で絶大なパワーになっている様子は、目にしたことがあります。

それはつまり、オフィスでセックスはアリってこと?

わたしのキャリアアップ的には、ナシね。

そうじゃなくて、文字通りオフィスで、さ。

大きなデスクはあるし、ドアが閉まってれば……いろんな可能性があるよね……

純粋な楽しみとしてのセックスと、昇進チャンスを高めるための計算としてのセックスは、まったくの別物です。率直に言って、「上司と寝れば出世できる」という神話は、出世できない人が嫉妬に駆られてでっちあげた話だと思っています。あなたも賢いのですから、出世のためにセックスなんて考えないでしょうし、この神話の話はもう終わりでいいですよね。

でも、万が一あなたが上司に恋心を抱いてしまったとしたら……これは危険なシチュエーションになるかもしれません。

上司のほうから何となくほのめかしてきたとします。

あなたもまんざらではなかったとします。

でも、話は複雑です。本当に厄介なのです。４つのレベルでトラブルの種があります。

レベル1：同じオフィスで働いている
レベル2：直属の上司と部下の関係である
レベル3：上司はあなたの父親と同じくらいの年齢である
レベル4：上司は既婚である

もちろん誘いは拒絶します。どのレベルにしても、そんなリスクを冒す価値はないからです。

はいはい、正論正論。

けれどしだいに、あなたの警戒心は薄れはじめるのです。リスクより気持ちのほうが大事になってきます。何しろ上司は、あなたに対してとても理解がある人です。次の面談が待ちきれません。上司のオフィスで向き合って談笑していると、なんだか仕事とは思えなくなってきます。仕事というより、一種のゲーム。すごくぞくぞくするゲームです。

幸い彼と2人きりになるチャンスは今のところないので、あなたの良識も今はちゃんと働いています。面談のときは2人きりですが、オフィスの仕切りはガラスで秘書に見えていますし。ですから何でもありません。一緒にいるのはオープンなことですから、害はありません。うしろめたいことは何もありません。完全に無実です。

嫌な予感しかしないんですけど。

その予感、当たってほしい♥

その後……勤務時間が終わって、みんなでハッピーアワーのビールを飲みに行くことになりました。あなたもよく参加するのですが、上司が来たことは一度もありません。出張が多いですし、パブが似合うタイプでもないですし。

ところが今日はめずらしく上司が飲み会に参加しました。奇妙なことに、みんな何となくぎこちない雰囲気になります。話題がやや上品になって、誰も飲み比べを始めません。全員が少しずつ言動に気をつけていて、いつもと違って仕事の話なんかしています。あなたは残念に思い、ひそかに気を回します。そこにいる全員が会話して、笑い合って、楽しむように取り計らいました。上司にその場を満喫してほしかったですし、部下の飲み会にはもう参加しないと思わせたくなかったからです。

やがてだんだんとみんなが帰宅していき、気がつくと、あなたと上司はバーカウンターにいました。2人きりで。彼の下で働くようになって初めて、プライベートについても会話が広がりました。どこで育ったの？　大学ではどんなふうだったの？　こちらに興味を示してくれる人と話すのは楽しいな、とあなたは思います。

上司は父親のような存在ですから、恋人の有無について質問するのも、何の問題もありません。あなたの返事は、「いえ、特に、今は」。

それだけです。あとは仕事について少し話をして、彼が支払いをして、軽くあなたの肩を叩いて、そして別々の道で帰宅していくのです。

え、それだけ?

それが手なのよ。

その後の数日間、職場でふだんと違うことは何も起こりません。上司のオフィスに呼ばれるのは、あくまで理由があるときだけ。そんな感じで時間が過ぎていきます。

そして……

サンフランシスコのデザイン会社と大型の商談をすることになりました。上司いわく、これはあなたにとって大きな経験になるのだそうです。先方の担当者とは朝イチで会うので、前夜から現地入りしてほしいと言われます。近くに上司のお気に入りのレストランがあって、すでに予約を入れているそうです。

どんな展開になるかよくわからないけれど、なんだかうきうきします。サンフランシスコに出張!大事な商談!　上司と一緒にディナー!

この際、レベル1と2と3は忘れてもいいから、レベル4は思い出して!

ディナーは本当に素晴らしい食事でした。ロブスター、おいしいワインが２本、そして心が浮き立つ会話。この数時間で上司のことをたくさん知りました。今まで仕事で世界各地を回ってきたこと。スキーと自転車が趣味なこと。あなたの好きな古典小説を全部読んでいること。映画ファンであること。10代のお子さんが３人いて、どうやらパパとしても完璧なようです。

こんなに話の合う人には会ったことがない、とあなたは思います。年齢差は関係ありません。とても魅力的ですし、世の中のことをよく知ってますし、年寄りというほどではありません。

奥さんのことを聞いてみたくてたまらなかったのですが、それは口には出しませんでした。上司も、その点には触れませんでした。

ワインのせいかもしれません。彼があなたの腕に触れる回数が、少し多いような気がします。別に嫌ではありませんでした……というより、レストランを出て宿泊先のホテルに戻る道すがら、あなたはすっかり夢見心地になっていました。この人とキスしたらどんな感じだろう、と思わずにはいられません。キスしてくれたらいいのに、とも。

彼に送られて、あなたはホテルの部屋の前まで来ました。

セレンディピティを自分で招く——あなたにできること

さて、あなたは分かれ道に立っています。

選ぶのは……

1 軽くハグして、部屋に入る。1人で。
2 キスをして、部屋に入る。2人で。

とりあえず、下着はビクトリアズ・シークレットのヒョウ柄で上下そろえてあるので大丈夫です……。

鏡よ鏡……

・一線を越えてはいけない相手に心を惹かれた経験はある？
・「やめよう」と思うときは、自分にどう言い聞かせてる？「進もう」と思うときは？
・職場恋愛について、個人的にどんな境界線を引いてる？
・その境界線を越えたくなるのはどんなとき？

Myth 38

たった一夜だけのこと。それだけのこと……という嘘

「その場限りのことだから」。
みんなそう言います。

セックスの代償

選択肢1を選んだあなたは、セックスのせいで翌日のスケジュールに穴をあけるなんてことは、当然ありません。しっかり睡眠をとって(あのままどうなったか想像して、しばらくじたばた眠れなかったかもしれませんが)、すっきり目覚めて、準備を整えます。ロビーで上司と落ち合い、タクシーに乗って、キャリアの道を正しく進んでいくのです。

ぎりぎりの回避でした。あなたは上司と寝なかった。そして上司はまだあなたに気があるまま。何より大事なのは、あなたが流されなかったことです。人生の主導権は今もあなたの手の中です。

大拍手！　そうでなくっちゃ！

でも、選択肢2を選んだあなたは、どうなったでしょうか。

深夜3時、あなたはぱっちり目を開けています。隣で寝ているのは、太った毛深いはだかの男。老けた既婚者です。

しまった……。

悪夢だ。

いいえ、夢ではありません。隣にいる男はいびきをかいています。起こすのが怖くてあなたは身動きできません。急いで、冷静に、状況を考えなくちゃ。あなたの頭の中をありとあらゆる考えがかけめぐります。

あんまり上手じゃなかったし！

たしかに彼のこと嫌いじゃないけど！

この人、起きたら何を言うだろう？

オフィスに戻ったらどんな対応をするんだろう？

前にも誰かとこんなことしてるの？

また次の機会にも、って思ってる？
ていうか、コンドームは⁉

ホテルのぱりっとしたシーツをあごの下まで引っ張り上げて、あなたはもう死にそうな気持ちになっています。たった一つ確実にわかるのは……

時間は巻き戻せない

……ということ。
ゆうべホテルのドアのところであなたが捨てた良識が、急に戻ってきました。このタイミングで、例の４レベルのトラブルの種について、検証が始まります。

レベル１：同じオフィスで働いている
レベル２：直属の上司と部下の関係である
レベル３：上司はあなたの父親と同じくらいの年齢である
レベル４：上司は既婚である

レベル1について

「たしかに同じオフィスで働いているけれど、職場の人には知られないはず。きっと大丈夫。ただ、注目されないように、頻繁に上司のオフィスに足を運ぶのはやめておいたほうがいいかも。でも秘書が勘づいたとしたら？　この上司が出張のたびにこういうことをしてて、秘書はあなたも寝たに決まってると思ってるとしたら？　上司より秘書と顔を合わすほうがキツいかも！」

レベル2について

「この人は今でも上司。この先どうなるかは、上司が決めることになる。どうか一夜のことでありますように。二度とこの件に触れてきませんように。目が覚めたら、わたしに謝罪して、秘密にしてほしいと言って、それから2人で何もなかったかのように商談に行けますように。わたしは貴重な教訓を学んだと思って、もう二度とこんなことはしない。絶対に！」

よく言うわ。

レベル3について

「ＥＤのコマーシャルがあんなにたくさん流れてる理由が、よくわかったわ……今後のために覚えておこう。セックスは同年代とすること。そうでないと勃たせるまでが面倒すぎる」

レベル４について

「最悪。既婚者と寝たなんて。最初からわかってたことだったのに、何で踏み越えちゃったんだろう。こんな面倒なシチュエーションにわたしを巻き込んだ彼にも、流された自分にも、ほんとに嫌気がさす。しちゃいけないって状況に弱いのよね」

ここからのシナリオも微妙です。

レベル１のその後の展開

「職場の人は誰も気づかない」と思いたいのは勝手だけど、それはたぶんムリ。きっと気づかれます。そしてあなたの評判に影響が出ます。どんなにいい仕事をしても重視してもらえず、それどころか「上司と寝た女」扱いされます。本当は優秀な人材なのに！　キャリアのことを考えて思いとどまらなかったあなたが悪いのです……。

レベル２のその後の展開

上司が今後二度とあなたに接触してこない場合もあります。それはいいのですが、かえって不自然に避けるようになります。周囲に怪しまれますし、あなただって、どうしてこんなことになったのか、教えてほしいくらいです！

レベル3のその後の展開

上司がまた接触してくる可能性もあります。二度ならず、三度でも。毎回うやむやな感じで。奥さんとか恋人とかの話は口に出さず、ただ楽しむだけ。

レベル4のその後の展開

最悪のケースでは、上司があなたのために離婚すると言い出します。この太った毛深くて老けた男の奥さんは、きっと猛烈に腹を立てて、慰謝料で身ぐるみ剥いでやると決意するでしょう。そしてもちろんその通りになります。すっからかんになるわけではないでしょうが、あなたと一緒になった彼より、元奥さんのほうが金持ちになるはず。彼の子どもたちも当然、両親を離婚させたあなたを恨みます。しかもあなたは上司や奥さんよりも、子どもたちのほうに年齢が近いので、なおさら憎しみがつのるでしょう。そしてあなた自身は——これからずっとバイアグラありの生活をしていくことを、どう思うでしょう?

あなたにはもっとましな人生があるはずです! そう思いませんか。

だけど、もし仮に、セックスが悪くなかったとしたら。

忘れないで。老けた毛深い既婚の男だよ。

胸を張れる明日のために　その６の１

ＮＯと言うこと

ママのお説教みたいで読み飛ばしたい気持ちはよくわかります。でも、あなたが上司と寝る前に、どうしても一つ知っておいてほしいことがあります。

上司と寝る前のほうが、あなたは人間関係についてのパワーを持っているのです。

わたしが「パワー」という言葉を使うのは、「主導権」という意味だというのは、もうわかってもらえていると思います。主導権が自分の手にあれば、あなたには選択肢があります。選択肢があれば、セレンディピティを自分で招くことができるのです。

でも、ものすごくハンサムでセクシーで、あなたがずっと夢みてきたような男性に言い寄られたときは、どうすればいいでしょうか。

相手が未婚で、つきあっていくとしたら、２人のうちのどちらかが異動する方法を考えましょう。あなたはつきあえただけでうれしいかもしれませんが、そのままではベストな状況とは言えません（神話27に詳しく書きました）。２人が両方とも真剣なら、自分と会社にとって最善の道を思いつけることでしょう。

相手が既婚なら、ぐだぐだ説明せずに、ただＮＯと言うこと。

理由は男に自分で考えさせればいいのです。

おわりに
キャリアアップは楽しい

さて、わたしの初めての著書も、そろそろおしまいです。結局、キャリアのトップまで昇りつめたらどうなるのか、あなたは疑問に思っているかもしれませんね。

想像してみてください。わたしは高い山の頂上に立って、はるか下界を見下ろしています。そして精一杯の声を張り上げて、「ついにやった!」と叫ぶのです。

努力しました。
準備をしました。
我慢もしました。
まさに感動の瞬間です。

ところが、あたりを見渡していたわたしは、ふと気づくのです――周囲にはもっと高い山が、もっとたくさんあることに!

達成感が消えるわけではありません。でも、ここからまだまだ努力していかなければなりません。

そしてキャリアも、まだまだ続くのです。

最初の目標を設定して、そこに到達したら、次の目標を置きましょう。頂上はつねに動いていきます。たとえあなたの目指す頂上が親友の目指す頂上と一緒に思えたとしても、そこに至るまでの道は、きっとまるっきり違うでしょう。あなたの道は、あなたのものです。その道であなたはたくさんの選択をしていきます。たとえば……

・良い選択
同僚と足の引っ張り合いはしない。短所にとらわれるより長所を伸ばす。うしろめたいことをせず正道を行く。

・悪い選択
フェイスブックに軽率な写真を載せる。CEOの指示に対して「ご意見は尊重しますが、ちょっと考えさせてください」と言う。後先も考えずに上司と寝る。

・良くも悪くもなりうる選択
相手が素敵だからという理由で、昇進のためではなく、上司と寝る。結婚生活に不満があるから仕事に逃げる。会社が嫌いだからと転職先も決めずに辞める。

そういうわけで、この本を書き終えるにあたり、最後のアドバイスを提示したいと思います。

・選択するのを怖がらないで

良い選択でも、悪い選択でも、どちらにもなりうる選択でも、それは一つのステップです。この本で打ち明けたわたしのキャリアのあれこれを思い出してみてください。良い選択よりも、どうかと思う選択をしたことのほうが、多かったように思います。

それは控えめすぎる言い方じゃない？

でも、たくさんの間違った選択をしてきたにもかかわらず、わたしはこうしてキャリアを極めてきました。一つのビジネスのＣＥＯになったのです。

・目指す頂上が変わっても、不安に思わないで

あなたが人間として成長すれば、目指す頂上は変わります。わたしは今、ＣＥＯという頂上に立ったので、また新たな目標を設定しています。わくわくするし、どきどきもします。わたしが次はどんな頂上を目指すか、ぜひウェブサイト janeknows.com で見ていてください。

・旅そのものを楽しむことを忘れないで

瞬間瞬間を精一杯生きてください。あなた自身の頂上を決めて、そこにたどりついてほしいと思いますが、はしごを昇る一歩一歩が自分の心と深く向き合う大切なステップなのです。心の底から充実感を抱けるキャリアを築いていくためには、自分自身を理解することが大切なカギになります。

・セレンディピティを自分で招きましょう

あなたにはあなたの力があるのですから。

謝辞

誰の心の中にも一冊の本があると信じています。でも、アイデアを本物の本に変えるのは簡単ではありません。

その点、わたしはスザンヌ・キングスベリーという存在に恵まれました。わたしの編集者であり、応援隊であり、友人であり、ひらめきの女神。彼女自身が高い評価を受けた作家で、『The Summer Fletcher Greel Loved Me』（Scribner, 2002）や『The Gospel According to Gracey』（Scribner, 2004）といった小説を上梓しています。

その彼女が2年前に依頼を受けてくれて、わたしの執筆を助けてくれることになりました。軽く楽しい文体を維持しながら、ＣＥＯとしてのアドバイスも伝えられるよう、厳しく指導してくれました。わたしにも世の中に伝えられることがあると思わせ、決してあきらめさせませんでした。もたついた文章を書けば笑い飛ばし、苦しかった体験について語るときには励まし……。わたしを押すべきときと、ひと休みさせるべきときを、いつも的確に心得ていました。彼女のおかげで、この本は、わたしのささやかな夢から本物の本へと生まれ変わったのです。

ありがとう、スザンヌ。わたしにできると信じてくれて。大好きよ！

訳者あとがき

本書の原題は『Sleep Your Way to the Top and other myths about business success　出世するなら上司と寝なきゃ　ビジネスでの成功をめぐるいくつかの神話』といいます。刺激的なタイトルですが、読んでくださった方ならおわかりの通り、枕営業についての本ではありません。働く女性が背負っている――押しつけられて、もしくは女性自身が選んでしまっている――さまざまなイメージ、嘘、言い訳をばっさり切りながら、「女性だから」「女性なのに」ではなく、自分らしく輝いて仕事をしていくための考え方やヒントを指南する一冊です。

本書では、大事なキーワードの一つとして、「セレンディピティ」という言葉が何度も登場します。といっても大事なのは偶然や幸運を待つことではなくて、幸運が来るための土台を自分自身で作っていくこと。そしてチャンスが来たら尻込みせずに飛び込んでみること。自分の力ではどうにもならないことを言い訳にせず、できると信じてベストを尽くす人の足元で、きっと運命はどんどん転がっていってくれるのではないでしょうか。

時給5ドルの銀行アシスタントから出発した著者のジェーン・ミラーは、さまざまな企業で高い肩書を担ってきました。本書が書かれた時点ではルディーズ・オーガニックという焼き菓子メーカーのCEOでしたが、その後、プロ・ヨーというフローズンヨーグルト・メーカーのCEOに。誕生からまだ数年のブランドですが、身体にやさしく見た目も楽しい商品で、ソーシャルメディアを巧みに活用しながら、南カリフォルニアの文化とも密接につながったビジネスを展開しています。まさに著者が大好きなこと（食品を扱うビジネスであること、人とのつながりを大事にすること、個性を発揮すること）をすべて満たした新しい挑戦のようです。一度キャリアのトップまで昇りつめた彼女が、その後もエネルギッシュに可能性を広げている様子には、こちらも思わずわくわくしてきます。

女性のキャリアアップの現状は、アメリカと日本で異なる点も多いでしょう。もちろん日本の中でも、働く女性が直面する試練、悩み、悔しさ、もどかしさなどは、決してひとくくりで語れるものではありません。けれど、誰でもきっと本書の中に一つか二つは自分とよく似た姿を見つけたり、ちょっと耳が痛くなったりすることがあるのでは、と思います。さまざまな仕事・職場で働くたくさんの女性が、この本を楽しんで、そして役立ててくださることを願っています。

本書を訳すにあたり、翻訳家の今井仁子さんの力を借りました。また、働く女性として私がとても尊敬している友人の鈴村倫衣さんにひらめきを分けていただきました。目標にしようと思わせてくれる先輩たちの存在は、私にとって仕事をするうえで何より大きな励ましかもしれません。心から感謝しています。

上原裕美子

（本書に登場する書籍・映画などからの引用は、本書にあわせて新たに訳しています）

【著者紹介】

ジェーン・ミラー（Jane Miller）

女性のキャリアアップ支援サイト「Jane Knows」主催、CEO。ペプシコ参下のスナック菓子メーカー大手フリトレーのプレジデントに就任し、その後の20年余でペプシコやハインツ、ベストフーズといった大企業の幹部として活躍。ルディーズ・オーガニック・ベーカリーCEOを経て、現在はフローズン・ヨーグルトのメーカー、プロ・ヨーのCEOを務める。

著者サイト　http://janeknows.com/

【訳者紹介】

上原裕美子（Yumiko Uehara）

1976年東京生まれ、翻訳者。主な訳書に『キャメロン・ディアス Forever Girl』（スペースシャワーネットワーク）、『すべては「先送り」でうまくいく』（ダイヤモンド社）、『後悔せずにからっぽで死ね』（サンマーク出版）、『「無知」の技法 Not Knowing』（日本実業出版社）、『必ず、できる! ～元米国海軍ネイビーシールズ隊員父が教えるビジネスと人生の8つの基本』（すばる舎）などがある。

女性のキャリアアップ38の嘘

2016年3月30日　第1刷発行

著　者　ジェーン・ミラー

訳　者　上原裕美子

発行者　徳留慶太郎

発行所　株式会社すばる舎　Subarusya

住所　東京都豊島区東池袋3-9-7 東池袋織本ビル　〒170-0013
TEL　03-3981-8651（代表）　03-3981-0767（営業部）
振替　00140-7-116563
http://www.subarusya.jp/

印　刷　中央精版印刷株式会社

落丁・乱丁本はお取り替えいたします

ISBN978-4-7991-0500-9